男孩百科

优秀男孩的学习妙招

彭凡 编著

如何成为超级学霸

化学工业出版社
·北京·

前言

每一个男孩,都是一颗种子,
种子需要空气,需要雨露,需要充足的阳光,
才能悄悄地、悄悄地生长。
男孩需要智慧,需要力量,需要充足的知识,
才能更好地、更健康地生长。

常常有人说,
女孩好静,天生比男孩爱学习;
男孩好动,所以有的明明很聪明,
学习成绩却总是上不去。

就连我们自己也常常抱怨,
那些学也学不尽的知识,做也做不完的习题,
像看不到顶的高山,望不到边的海洋……

亲爱的男孩,
如果你感到迷茫,请打开这本书,
让它为你指引学习的方向。

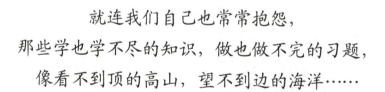

每一个为你量身定做的知识点,
都是一个温馨的小贴士,
饱含着我们最真诚的祝愿和期望。

其实,
比起女孩,男孩更自信,更坚强;
比起女孩,男孩更有梦想,更有力量。
我们相信,
再大的学海,男孩也会高歌猛进,乘风破浪;
再高的书山,男孩也能披荆斩棘,冲向前方!
愿书里的学习小百科,
能成为你的利剑和风帆,
助你登上成功的山巅,
帮你穿过梦想的海洋。

愿每一个男孩,
像种子一样破土而出,
长成自己梦想的那棵树,
得到全世界的赞赏。

第一章 优等生的学习态度

学习到底是为了谁? 12
如果不学习，未来会怎样? 14
学习能让你得到什么? 16
糟糕，我有厌学症 18
赶走厌学症，和学习做朋友 20
优等生的学习态度 22
勤奋比聪明更重要 24
你是我的榜样 26

不要轻易放弃自己 28
男孩，不怕输 30
现在学习还来得及 32
培养学习兴趣 34
向自卑说再见 36
把坏习惯都赶走 38
保持一颗好奇的心 40

第二章　轻轻松松打好学习基础

你能管住自己吗？	44
老师不是魔鬼	46
别让老师牵着鼻子走	48
设定学习目标	50
做作业不要人帮	52
看电视的好与坏	54
你能抵制住电脑的诱惑吗？	56
漂亮的字迹是我的加分项	58
会减分的学习工具	60
你好，字典朋友	62

你会做笔记吗？	64
摘抄本，写作文的秘密武器	66
教辅书，你选对了吗？	68
不要过分依赖参考书	70
糟糕，上课听不懂	72
你预习了吗？	74
嘿，该复习啦！	76
培养想象力吧！	78

目录

第三章 集中注意力，主动出击！

适合自己的学习方法	82
像飞鸟的男生如何学习？	84
像山羊的男生如何学习？	86
像狮子的男生如何学习？	88
像骆驼的男生如何学习？	90
要学习，也要休息	92
上课，集中注意力	94
做错的题能不管吗？	96
检查，让漏洞无处可逃	98
这节课学了什么？	100
课间十分钟我能干什么？	102

单词怎么才能记牢？	104	让男生最苦恼的作文	120
英语，大声说出来吧！	106	记叙文怎么写？	122
一首英文歌	108	你会写写景作文吗？	124
数学真的没救了吗？	110	栩栩如生的人物描写	126
应用题，放马过来吧！	112	你是跑题大王吗？	128
我能一目十行	114	只有女生才写日记吗？	130
轻轻松松背课文	116	只用学语文、数学、外语吗？	132
学好语文就要多读书	118	作业借我抄一下	134

第四章　保持成绩，继续前进！

不要相信这些谎话　　　　138
你有竞争对手吗?　　　　140
考试前……　　　　　　　142
临时抱佛脚行不通　　　　144
考前一周，该怎么复习?　146
偏科不是没得治　　　　　148
考试时的小窍门　　　　　150
选择题，该拿你怎么办?　152
考试结束后……　　　　　154
考砸了怎么办?　　　　　156

成绩好就是好学生吗?　　158
死读书能成才吗?　　　　160
别人家的孩子　　　　　　162
培养一门兴趣爱好　　　　164
我的同桌是女生　　　　　166
读书的好习惯　　　　　　168
你喜欢看新闻和报纸吗?　170
学习和生活息息相关　　　172
学无止境　　　　　　　　174

人物介绍

宁小奇：

男生。只爱学数学,其他科目都不爱学,总成绩很不好,有很多坏习惯,但想象力丰富,内心希望成为一名优等生。

杜卡：

男生。调皮捣蛋,粗心大意,除了学习,对其他事情都精力充沛。

赵豆：

男生。憨厚老实,虽然看上去笨笨的,但一直很努力地学习,而且特别爱看书。

乔西：

男生。成绩特别好,是班上的尖子生,英语成绩尤为突出」

黄灿灿：

女生。阳光开朗,学习成绩优异。

宋老师：

班主任。和蔼可亲,常常鼓励班上的同学,深受同学们的喜爱。

第一章

优等生的学习态度

学习到底是为了谁？

"学习到底是为了谁？"最近，宁小奇一直在思考这个问题。

杜卡说："是为了爸爸妈妈！要是我们学不好，他们就会不高兴！"

赵豆说："是为了老师吧？要是我考不好，就会被老师批评，让老师失望。"

的确，爸妈为了养育我们，付出了一生的辛劳；老师为了教育我们，也付出了无数的白天和夜晚。就算为了报答他们，我们也应该好好学习。

但是，这真的是学习的最终目的吗？当然不是！父母和老师是我们成长道路上的引路人，却从来不是我们成才或成功的获益人，通过学习真正获益的是我们自己。

终有一天，小奇和他的同学们会明白：学习，从来不是为了别人，而是为了让自己获得知识与技能，增长见识，开阔眼界，从而使自己更好、更棒。将来即使离开了父母的庇护、老师的指引，也能够依靠着学习汲取的养分和能力，让自己的未来之路走得更顺、更远！

学习之前，你需要知道的事

★ 学习是为了自己，不是为了父母和老师。

★ 比起为了父母和老师被动接受，为了自己主动学习更能感受到学习的乐趣。

★ 每一份满意的答卷，不是为了应付大人，而是为了给自己的未来和梦想加码。

★ 成为一个有学识、有内涵的男生，会让自己看起来更加帅气哟！

如果不学习，未来会怎样？

世界上比学习有意思的事情太多了，打游戏、看电视、踢足球、看漫画……这些都比学习有意思。如果可以整天这么玩，不学习，那该多幸福啊！

那么，如果我们从现在开始不去学校、不读书、不学习，未来会变成什么样呢？接下来，让我们坐上时光机，前往未来，看看长大之后的自己会变成什么样吧！

1. 乔西的梦想是成为一名伟大的翻译家，如果他不学习……

2. 宁小奇的梦想是成为一名作家，如果他不学习……

上面这些歪歪扭扭的蝌蚪是什么意思？

3.杜卡的梦想是成为一名歌手，如果他不学习……

医生、教师、科学家、作家、飞行员……你知道吗？这些令人羡慕的工作，对知识和技能等都有着特别高的要求。如果不学习，长大后的我们什么都不懂，就什么也做不了。所以，现在就行动起来，努力学习吧！

如果不学习，二十年后你会成为什么样的人：

如果努力学习，二十年后你会成为什么样的人：

 # 学习能让你得到什么？

相信许多同学都有和宁小奇同样的困惑，我们总是在父母、老师的安排和督促下去学习，他们总是一遍又一遍地告诉我们：一定要好好学习，一定要努力读书！可是，学习到底能让我们得到什么呢？是老师的表扬、父母的奖励，还是同学的赞叹呢？

不可否认，这些都是学习带来的表面上的好处，能让我们感到短暂的快乐和自豪。可是，除此之外，学习还能给我们带来更长远、更有价值的东西。

☆ 渊博的学识

☆ 宽广的见识

☆ 良好的修养和品质

☆ 谋生的技能

☆ 自信心和意志力

☆ 实现梦想的机会

☆ 美好未来的敲门砖

……

原来学习能给我们带来这么多好处啊！那我们更应该努力学习了。

优秀男孩的 学习妙招 Learning Tips

糟糕，我有厌学症

早上，宁小奇洗漱完，闷闷不乐地坐在桌前吃早餐。妈妈关切地问："小奇，你没事吧？是不是生病了？"

宁小奇有气无力地说："呜呜，我宁愿在家里刷马桶，也不想去上学。"

咦，刷马桶又累又臭，难道比上学好？听到小奇的回答，妈妈真是哭笑不得。可是，看着小奇无精打采去上学的背影，妈妈突然有点儿担心：小奇这孩子，该不会是得了"厌学症"吧？！

小奇妈妈的担心并不是多余的，现如今，得了"厌学症"的同学，可不止宁小奇一个呀！他们逃避上学，害怕去学校，希望学校能永远消失……严重的话，甚至演变成"抑郁症"呢！

这些同学为什么会得"厌学症"呢？原因有很多种。

★ 和同学说不上话，或被老师忽视，因而在学校没有存在感。

★ 觉得学习太枯燥、太辛苦，对学习不感兴趣。

★ 经常被老师或父母批评，于是对学习产生抵触情绪。

★ 无论怎样努力总是学不好，对自己失去了信心。

★ 比学习更有趣的事实在太多，意志力总是被好奇心打败。

如果你也和小奇一样，具有以上某种症状，千万不要大意哟！我们应该勇敢面对问题，解决问题，大声对"厌学症" SAY NO！

赶走厌学症，和学习做朋友

清晨，当宁小奇无精打采地走进教室时，乔西正在晨读，声音清脆又洪亮。

课堂上，当宁小奇耷拉着眼皮打瞌睡时，乔西正在津津有味地听老师讲课。

课间，当宁小奇趴在课桌上呼呼大睡时，乔西正在和几个同学讨论课上讲的知识，不知说到了什么有趣的点，大家发出一阵阵欢快的笑声。

……

乔西，你每天读书最大声，回答问题最积极，做作业、背课文从来不喊累，精力好像永远用不完，难不成你是机器人？

我才不是什么机器人呢！我只是很喜欢学习，所以学习起来一点儿也不觉得累！

相信很多同学也有跟宁小奇一样的困惑，学习看起来明明是一件很枯燥的事，为什么班里有些同学却学得那么轻松、那么快乐呢？其实他们中的大多数人也并不是天生爱学习，只是他们在学习的过程中，逐渐地发现了"学习"的美，在"学习"中找到乐趣，和"学习"成为朋友。这样一来，不管是上课，还是做题、背书……通通都不会觉得累啦！

如何跟"学习"做朋友呢？

- 早睡早起，劳逸结合，更有精神面对学习。
- 保持积极乐观的心态。时时告诉自己：学习一点儿也不可怕。
- 经常和已经与"学习"成为朋友的同学讨论学习，相互勉励，共同进步。
- 多读一些与课本知识相关的课外读物来拓展知识，发现"学习"可爱、神秘的另一面。
- 制订"学习进步表"，每天进步一点点，增强学习的自信心。

优等生的学习态度

宁小奇和乔西是一对奇怪的朋友。为什么说奇怪呢？因为两个人虽然是好朋友，可是学习成绩却是一个在天上，一个在地下。

宁小奇是出了名的"差生"，考试常常挂红灯，上课经常开小差，有时候连老师布置的作业都不按时完成……只要一提到宁小奇，老师的头就都大了。

而乔西却恰恰相反，他的成绩特别好，每次考试都能拿第一。尤其是英语，多次获得英语演讲比赛、英语作文比赛大奖。在学校里，不管是男生还是女生，都很崇拜他，想和他做好朋友。

为什么两人会有如此大的差距呢？

对同学们了如指掌的宋老师说："其实，造成这种差距的主要原因，还是两人对待学习的态度不同。"

宁小奇的学习态度（懒散、调皮）

爸爸妈妈不在家，玩几轮游戏再写作业吧！

放假了为什么还学习？当然要尽兴地玩耍啦！

考试只要及格，不掉队，不被老师批评就够了。

乖乖学习的男生太不酷了，成为拯救世界的超人才是我的目标。

听别人说，除了语文、数学外，其他学科将来根本用不上，所以果断放弃。

乔西的学习态度（自信、乐观、积极向上）

每天回家第一件事就是做作业，然后再干其他的。

每次放假，我都会抽一些时间学习，以免患上"假期综合征"。

考试是为了检验自己的学习成果，至于排第几，根本不重要。

我可不是书呆子哟！除了学习，我还喜欢爬山、踢球、游泳。

培根说过：读史使人明智，演算使人精密，伦理学使人有修养……不偏科，才能全面发展。

勤奋比聪明更重要

同样是第一名,乔西是正数第一,赵豆却是倒数第一。赵豆明明也很努力,成绩却一直上不去,难道是自己太笨了,学习好的人天生就比较聪明吗?

和一些不爱学习的同学比起来,赵豆确实算努力的,可是和乔西比一比呢?

做作业时,赵豆会按时完成老师布置的作业。而乔西不仅提前完成了老师布置的作业,还会自觉做很多课外练习题。

记单词时,赵豆一个单词记三十遍。而乔西一个单词写上一百遍，过几天还会复习。

在家时，赵豆完成了家庭作业，就不再学习。而乔西还会抽出一个小时的时间看书或预习新课。

……

相比之下，到底谁更勤奋呢？答案一目了然，是乔西。

不可否认，在学习上，高智商的人确实有很多优势。可是，智商对学习的影响不是绝对的，后天的勤奋和努力更重要！如果我不够聪明，别人花半个小时就能完成的作业，我就多花一个小时；别人读了几遍就能背的课文，我就多读几十遍……比别人多花一倍甚至几倍的时间去学习，我还会落后于别人吗？

不要再把"智商高"当挡箭牌了，用勤奋证明自己的实力吧！

每天问自己三个问题

- 我真的尽了最大的努力吗？
- 我已经挖掘了自己全部的潜力吗？
- 我确定只能做到这样吗？

你是我的榜样

这天放学回家后,宁小奇突然向爸爸妈妈宣布:"我决定了,从现在开始,我要努力学习!"

奇怪,小奇怎么了,他不是不爱学习吗,今天怎么突然开窍了?

原来,这次考试,好朋友乔西又拿了第一名,而且,他的英语考了全班唯一的满分。英语老师宣布完成绩后,同学们都非常羡慕他。

宁小奇的心情很复杂,他既为好朋友感到高兴,又觉得有点儿难为情。自己只考了第二十名,英语刚过及格线。每天形影不离的好朋友,却比自己优秀太多……

想到这里,宁小奇暗自下决心,要把乔西当成学习的榜样,向他看齐!

榜样的力量

- 优秀的学习榜样,能促进我们更努力地学习,成为我们学习的动力。
- 当遭遇失败时,学习榜样能激励我们走出阴霾。
- 当我们为了一点儿成绩沾沾自喜时,学习榜样能提醒我们不要骄傲,鞭策我们向更高的目标看齐。
- 当我们感到迷茫时,只要看到学习榜样,就会找到前进的方向。

学习榜样可以是古今中外的名人,也可以是身边的某个人。但最关键的是,榜样必须是优秀的,至少在某一个方面有比较突出的成绩,并且拥有美好的品德,或崇高的精神,或远大的理想。

你的学习榜样是谁呢?

不要轻易放弃自己

在班上,杜卡比宁小奇更让老师头疼。杜卡是班上最顽皮的男生,上课时讲小话,下课后大吵大闹,还经常捉弄班上的女生。老师让他罚站时,他也能一个人自娱自乐……他好像每天都有用不完的精力。

宋老师为他伤透了脑筋:"杜卡,你能把一半的精力用到学习上吗?"

可是,杜卡却依然我行我素。眼看着就要考试了,连宁小奇都开始捧着书本认真学习了,唯独杜卡一个人无所事事。

宁小奇好奇地问他:"杜卡,你怎么不学习呢?难道你不担心考试吗?"

杜卡耸耸肩:"我不担心,考倒数第一也无所谓啦,反正我是大家眼中的'最强'差生。"

其实,杜卡并不是不在乎学习成绩,只是他考试经常垫底,又常挨老师的批评,渐渐对学习失去了信心。时间长了，连他也认为自己差到"无可救药"，干脆就再也不学习了。

其实，在我们周围，也有许多和杜卡一样的同学，因为成绩不好，干脆就自暴自弃，一差到底！可是，如果连你自己都放弃了，那还有谁能帮到你呢？

我们应该时刻记住，无论怎样，都不能放弃自己，要始终坚信"我不是差生"！要知道，学习的道路上，拥有永不言弃的精神，就等于成功了一半。

我不是差生

· 找到自己的闪光点，给自己增加信心。比如字写得漂亮，画画好看，作文写得很棒……

· 拥有从头开始的勇气，从哪里落下的知识就从哪里开始补回来吧！

· 成功最大的技巧就是坚持、坚持、再坚持，时常提醒自己"不要放弃"。

· 经常想象自己成功后的样子，给自己增添希望和动力。

· 俗话说勤能补拙，比别人多花时间去学习，一定不会差到哪里去。

男孩，不怕输

受到乔西的影响，宁小奇正在努力让自己变成一个优等生。不过，变身的过程可没有那么顺利。

这天，乔西拿着两张报名表走进教室，对宁小奇说："学校'1+1社团'要举办一场数学知识竞答比赛，我觉得你最近进步很大，想报名试试吗？"

一开始，宁小奇还有些犹豫，后来在乔西的鼓励下，他终于鼓起勇气，在报名表上填上了自己的名字。

比赛前的几天里，宁小奇像变了个人似的，每天恶补数学，立志要在比赛中取得好成绩。可是，现实却并没有那么顺利。比赛第一轮，他就被淘汰了。

为此，宁小奇沮丧极了。

再努力又有什么用？还不是会失败？我再也不要学数学了。

在学习中，每个人都会遭遇失败，即使是成绩优异的同学也会遭遇解不出的难题，甚至考试失利的情况，这并不可怕。可怕的是，有的同学失败后，因为害怕再次失败，就再也不敢尝试。但是，也有这样一类同学，他们面对失败，越挫越勇，敢于向"失败"这头猛兽发起挑战！

选择不同的做法，最后获得的结果也大不相同。

· 如果宁小奇选择前者

他会因此一蹶不振，对自己失去信心，对数学失去兴趣。渐渐地，他的成绩只会越来越差，距离优等生越来越远。

· 如果宁小奇选择后者

这次的失败，激发了宁小奇的斗志。他不相信自己会被一次小小的失败打倒。接下来的一个多星期，宁小奇把自己埋在习题堆里，拼命做题。在第二次数学竞赛中，他终于进入了决赛……

而他的下一个目标，就是拿到第一名！

现在学习还来得及

马上就要期中考试了,看着身边的同学都开始努力学习,杜卡的心里也有点儿不安了。他心想:我是不是也应该加把劲了呢?

可是,以前上课时,杜卡从来没有认真听过,作业也是马马虎虎地完成,对老师教的知识和内容掌握得还不够,已经落后了别人一大截,只怕跟不上学习进度。马上就要考试了,现在学习还来得及吗?会不会太晚了?即使来得及,也一定会累得脱层皮……

想到这儿,杜卡想要认真学习的心思又动摇了。

其实,只要你想学,就永远不会晚。北宋文学家苏洵,二十七岁才开始发奋读书,最后成为名扬千古的"唐宋八大家"之一。当然,不可能每个人都像苏洵那么厉害,等到二十多岁再努力就太迟了,所以当你意识到自己要好好学习时,就应该马上行动起来。要知道,拖得越久,丢下的知识就越多,要补回来就会越难。

当杜卡还在为"该不该学习"摇摆不定时,其他人早已经远远地超过他了。

● **跟上学习的脚步**

　　一边学习新的知识，一边巩固学过的基础知识。

　　学过的知识尽快吸收，老师布置的作业也要按时完成，不要一拖再拖，耽误学习进度。

　　每天做好复习和预习，最好能根据自己每周的学习进度做总结。

培养学习兴趣

数学课上,老师给大家发了一张试卷。看着密密麻麻的计算题、应用题,宁小奇的头都大了。可是,乔西却一副很兴奋的表情。

宁小奇不明白,数学既枯燥又无聊,乔西怎么会感兴趣呢?

他把自己的疑问说了出来。乔西笑嘻嘻地说:"我觉得数学是最有趣的科目。"

其实,乔西以前也觉得数学太难,不想学。

可是,当他慢慢接触数学,并深入学习之后,才发现数学只是看上去吓人。只要找对学习方法,许多难题就能迎刃而解。

而且,一道数学题经常有好几种解法,乔西常和同学比赛,看谁找到的解题方法多。

有时候,乔西还会尝试挑战更高难度的题目。如果解开了一道大家都不会的难题,乔西就会非常有成就感。

渐渐地,乔西对数学越来越感兴趣,成绩自然而然就上去了。

- 寻找有趣的、适合自己的学习方法。
- 不要被表面的困难吓倒,敢于挑战难题,挑战自己。
- 注意劳逸结合,不要给自己太多的压力,每次学习的时间也不要过长。

·把自己的兴趣和学习结合起来，让学习变成一件有趣的事。

向自卑说再见

当碰到自己从未做过的难题时：

赵豆的反应是："我一定不行的。"

乔西的反应是："太好了，我又能挑战自己了。"

当遇到跨越不了的困难时：

赵豆的反应是："糟糕，我做不到。"

乔西的反应是："我一定能想到解决办法！"

当碰到更厉害的学习对手时：

赵豆的反应是："天哪，他真厉害，我输定了。"

乔西的反应是："只管放马过来吧，我不怕！"

当遭遇了失败时：

赵豆的反应是："是不是我太笨了？"

乔西的反应是："失败乃成功之母，下次我一定会成功。"

积极自信的人，喜欢挑战自己，挑战难题，面对困难时，迎难而上。消极自卑的人，总觉得自己这也不行，那也不行，什么都比不上别人。自卑很危险！它会蒙蔽你的双眼，使你看不清自己的能力，低估了真正的自己。

俗话说"金无足赤，人无完人"。每个人都有长处与短处，不能只看自己的短处不看长处。积极的态度是扬长避短，以"长"补"短"。

 赶走自卑的小恶魔

- 常常给自己鼓励暗示，对自己说"我能行"。
- 即使是小小的成功，也要为自己鼓掌。
- 不要总是和别人比，要和自己比。
- 每个人都有让人刮目相看的一面，找到自己的闪光点。
- 看到自己的长处要发扬，看到自己的短处要弥补。

把坏习惯都赶走

很多男生在学习时都有一些不好的习惯，可是宁小奇对此却不以为意。他认为，男孩子嘛，总会比女生粗心大意一点儿，这是正常的，没什么大不了。真的是这样吗？

事实上，这些坏习惯可是影响学习的关键因素呢。

测试一下，下面几种常见的坏习惯，你都有吗？

1.学习很被动，老师让做什么就做什么，老师没有交代的任务从来不会主动做。

2.做作业时粗心大意，原本会做的题目也经常做错。

3.做完作业从来不检查，做完了就扔一边。

4.每天没有学习计划，兴趣来了就学一会儿，不然就看电视、打游戏。

5.作业做错了不更正，更不会找出做错的原因，下次遇到同样的问题还是会做错。

6.学习不在状态，过几分钟就会分心，忍不住做别的事。

7.学过的知识不复习，很快就忘了。

8.字迹潦草，只有自己认得出来。

对照一下，以上八种坏习惯你占了几个？在序号前做一个标记，并告诉自己：我一定要改掉这种坏习惯！

保持一颗好奇的心

"为什么海水是咸的？"

"为什么越高的地方越冷？"

"为什么秦始皇能统一六国？"

"嘴巴用英语怎么说？"

……

上课时，乔西是举手提问次数最多的同学；下课后，乔西也会跟在老师身后问个不停；在家里，爸爸妈妈也成了他的"答题机器"。乔西的脑袋里面好像装了一本《十万个为什么》，总有问不完的"为什么"。

有时候，为了搞清楚自己的疑问，乔西还会上网，或看相关的书籍寻找答案。久而久之，乔西变成了同学们眼中活的"小百科"，好像什么都懂一点儿，大家都非常佩服他。

"乔西，你怎么好像什么都懂啊？"宁小奇也忍不住过来打听了。

"我只是比你多了点儿好奇心而已啦！"乔西谦虚地说。

好奇心！宁小奇恍然大悟。

好奇心是打开学习之门的钥匙。时刻对学习、对生活、对身边的事物保持好奇心，就能让自己充满热情和动力，更加积极地去探索、去发现。一个热爱学习、喜欢探究的人，他的成绩也一定不会太差哟！

好奇心大作战

★ 敢于尝试和挑战。

★ 勤于思考，发现问题。

★ 大胆地猜想和质疑。

★ 不懂就要问，不要把好奇心埋在心里。

★ 实践出真知，用行动去验证自己的好奇心。

★ 用心观察生活。

第二章

轻轻松松打好学习基础

你能管住自己吗？

贪玩的杜卡有一个外号，叫"十分钟"。只要杜卡坐在课桌前，还不到十分钟，他就坐不住了，要么晃腿，要么转笔。眼睛总是东看看，西望望，盼望着时间快点儿过去，好早点儿出去玩。

宋老师经常说："杜卡，你挺聪明的，就是贪玩，不肯用功……"

其实，杜卡也不想每次考试都垫底，可是有什么办法呢，他就是管不住自己，无法将注意力放到学习上。

很多同学也和杜卡一样，管不住自己。但这并不代表我们不聪明。要知道，自制力不是与生俱来的。那些成绩好的同学，难道天生就聪明吗？当然不是，他们只是自制力比较强，花在学习上的时间多一点儿而已。

所以，只要我们找到提高自制力的方法，就能改变自己，成为一名优等生哟。

培养自制力计划

1.制订一个合理的计划表,规定每天起床、做作业、复习功课等的时间。

我的学习计划表

时间	活动
7:30	起床
7:50—8:10	早读
…	
17:30—18:30	写作业
19:00—19:30	新课程预习
…	

2.严格按照计划表去做,并制定奖惩制度。

3.不要给自己找任何借口。

4.绝不把今天的事情拖到明天,立刻行动起来!

5.请家长和同学监督自己。

Learning Tips

老师不是魔鬼

周末，赵豆和老爸一起去科技馆参观。突然，老爸指着前面说："豆豆，那个穿圆点裙子的人是你们老师吗？"

赵豆顺着爸爸手指的方向看去，哎呀，真是他们班的数学老师。

赵豆爸爸说："走，我们去跟老师打个招呼。"

"别，别去！"赵豆赶紧拉着爸爸走到一边，"还是算了吧，我有点儿害怕……"

"老师又不是魔鬼，你怕什么？"爸爸觉得很奇怪。

赵豆吞吞吐吐地回答道："因为……数学老师太凶了，经常批评我。"

其实很多男生都和赵豆一样，见到老师就像老鼠见了猫，尤其是一些批评过自己的，或是平时有点儿凶的老师，躲都躲不及，更别说上前打招呼了。

其实，一些老师只是看上去很凶，严厉的外表下隐藏着一颗慈爱的心。即便老师批评了我们，也是因为我们犯了错。说到底，他们是为了我们好，希望我们多学一点儿知识。只要我们认真学习，老师就会越来越喜欢我们，怎么会批评我们呢？

如果我们因此就对老师避而远之，那老师该多伤心啊！

与老师相处的方式

- 主动向老师问一句"老师好"。
- 上课认真听讲，是对老师最大的尊重。
- 不要当面顶撞老师，如果老师有不对的地方，私下和老师沟通。
- 把老师当成朋友，有什么困扰或难题可以向老师倾诉。
- 经常向老师请教问题。

别让老师牵着鼻子走

自习课上,宁小奇做完老师布置的作业后,就把习题册扔到一边。而乔西做完了老师布置的习题,又接着做剩下的习题。

宁小奇说:"老师只让我们做一单元的习题,你怎么把三个单元的都做了?你可真傻。"

乔西却摇了摇头,不以为意。对成绩好的乔西来说,这不是吃亏,而是一种乐趣,即使老师没有要求,他也会主动学习。

"老师说什么，我就做什么。"

说这句话的同学，从表面上看，似乎是一个听话的好学生。可是仔细想一想，就会觉得有点儿不对劲。老师布置的任务，我们一定要做好。难道老师没有交代过的任务就不做吗？总是跟在老师身后，什么事都等老师下达指令再做，久而久之，是不是会失去学习的主动性呢？如果有一天没有了老师的指引，我们又该如何学习呢？

我们不应该总是等待老师告诉我们该做什么，而是应该主动了解自己该做什么。别让老师牵着鼻子走，变被动为主动，学习的效率才会更高。

● 主动学习，做学习的主人！

- 利用课余时间提前预习老师还没教的课程。
- 预习时将不懂的问题记下来，当老师讲到的时候会记得更牢哟！
- 每天除了完成老师布置的作业外，再多做一些相关的习题，巩固知识。
- 每天读一点儿适合青少年的课外读物，这对扩大自己的知识面很有帮助哟！

设定学习目标

体育课上,五年级二班正在进行一千五百米长跑比赛。随着一声哨响,起跑线上的同学们飞速地冲了出去,而赵豆却不紧不慢地跑在最后。

跑完两圈时,那些冲在最前面的同学的速度慢了下来。而赵豆依然保持着原来的速度,匀速前进。

到了最后一圈,很多同学都力不从心了,有些人干脆慢慢走。而一直落在最后的赵豆突然加快速度,超过其他同学,冲到了最前面!

奇怪,体育并不是赵豆的长项,他怎么会拿到第一名呢?

其实赵豆成功的原因主要有以下两点。

保存力量。 一千五百米很长，如果一开始就加速跑，力气很快就会被用光。相反，如果一开始匀速慢跑，保存体力，到最后阶段冲刺，就能一举成功！

设定短期目标。 赵豆跑步时，把一千五百米分成了几段。比如，他的第一个目标是跑到弯道处，第二个目标是跑到足球门旁边……一千五百米，五个三百米，十个一百五十米，哪一种听上去更容易一点儿呢？

学习就像长跑，也是一个漫长的过程，考验的是我们的耐力和毅力。我们不能急于求成，而是要一步一个脚印慢慢来。

长期学习目标的设定

长期目标可以是你的理想，对未来的规划等。比如，当一名医生，考上理想的大学，期末考试考进前五名……设定长期目标的意义在于，让你对自己的学习和人生有清晰的认识，让你看清自己努力的方向。

短期学习目标的设定

短期目标需要具体到每天，比如，今天的学习计划是什么，要完成哪些任务。设定短期目标的意义在于，让你的每一步都踏实有力，从而稳步实现一个一个小目标。通过不断的积累，最后将大目标变成现实。

 # 做作业不要人帮

宁小奇在学习上遇到问题，第一个想到的就是找爸爸妈妈或老师帮忙，从来不肯自己动脑筋思考。你是不是也和他一样呢？

这样的习惯可不好。因为这样很容易产生依赖别人的心理，从而丧失独立学习、解题的能力。

无论是老师还是家长，都只能给我们一些引导，并不能代替我们学习。我们只有依靠自己，才能把知识化为己有。总之，无论遇到什么问题，都要先学着自己解决。确定自己真的解决不了时，再向别人求助。

你能做到吗？

● 遇到不会读的字，或不认识的英语单词，自己查字典。

● 碰到不会做的数学题，结合学过的例题，多多开动脑筋找到解题方法。

● 在做造句、翻译、名词解释等作业时，先自己做一遍，再对照教辅书核改。

● 写不出作文，可以参考作文书，但是绝不能抄袭。

● 不要一边做作业，一边和别人对答案。

看电视的好与坏

如果让宁小奇在课桌前坐一个小时,那他一定会疯掉的。可是如果把课桌换成电视机,别说一个小时,坐上整整一天他都不会挪屁股。

每次放学回到家,宁小奇做的第一件事就是打开电视。看电视剧、看动画片、看综艺节目……看电视仿佛已经成了他生活中不可或缺的一部分。甚至连吃饭时,他也要一边吃饭,一边看电视。

 **看电视的好处**

——能够放松心情，缓解学习带来的压力。

——能从里面学到一些有用的课外知识。

——多样化的电视节目，可以开阔视野，增长见识。

——可以看新闻，了解国内外的大事。

 看电视的坏处

● 长期近距离看电视，容易导致近视。

● 缺乏锻炼，会影响身体健康。

● 浪费很多时间，耽误学习。

● 长期沉迷电视，会对情绪产生不良影响。

由此看来，看电视有好处也有坏处。我们可以看电视，但时间不要过长，而且应该多看有意义的节目。最重要的是，我们应该在做完作业之后，再打开电视机哟！

你能抵制住电脑的诱惑吗？

最近，乔西迷上了一款电脑游戏。每天放学回家后，就借着"查学习资料"的名义，偷偷地玩游戏。

一段时间过去了，乔西的学习受到了很大的影响。做作业马虎了，上课也听不进去，无论什么时候，心里都想着玩游戏升级。一次随堂测试，乔西的成绩下降了十名。

乔西的妈妈知道后，生气极了，立刻给他颁布了"游戏禁令"：给电脑设

置了密码，不许他再玩电脑。

虽然不能用电脑查资料给乔西带来了很多不方便，但是，没有了游戏的诱惑，乔西的成绩又开始缓缓上升……

电脑是一把双刃剑。如果正确合理地使用电脑，它就会成为我们学习和生活中的好帮手。如果沉迷于网络，电脑就会化身恶魔，把我们拉进虚拟的黑暗世界。

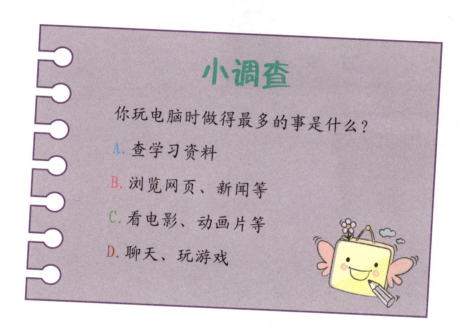

你如果选了后三项中的某一项，可要保持警惕啦！电脑恶魔正在一步一步向你逼近哟！从现在开始，请严格控制自己玩电脑的时间吧！

漂亮的字迹是我的加分项

"宁小大可,宁小大可是谁?"上课时,新来的美术老师正在发美术作业。

"老师,我们班没有人叫宁小大可。"坐在前排的乔西回答道。

"咦?可是,这上面是这样写的啊!"美术老师感到奇怪,"难道是宁尖可?这名字可真奇怪啊……"

乔西站起来,凑近一看,顿时明白了:"老师,他不叫宁小大可,也不叫宁尖可,他叫宁小奇。"

顿时,教室里爆发出一阵哄笑。原来,宁小奇的字写得太难看了,一个"奇"字被他拆成两个字。新来的美术老师不认识宁小奇,自然就把他的名字念错了。

宁小奇面红耳赤地走上讲台,匆匆把自己的作业取走,恨不得找个地洞钻进去。

字写得不好看,不仅常常被人取笑,甚至还会影响到学习。

比如，老师看到字迹漂亮的作业本时，会觉得赏心悦目，打上一个大大的"优"。如果是字迹潦草的作业本，看了直叫人皱眉头，那就只能得到一个"良"。

可见，写一手漂亮的好字，也能为自己的学习加分呢。

 怎样写出漂亮的字呢？

选一本字帖练字，字体最好是行楷或者正楷。

写字要一笔一画，字迹要整齐，不能潦草。

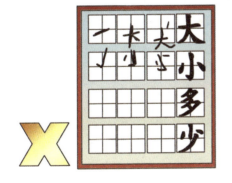

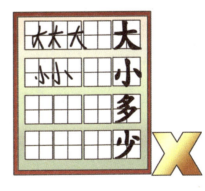

写好每一个字，不要这个字的字尾连着下一个字的字头，这样非常不好看。

字的大小、字与字的距离要适中，别挨得太近，也别隔得太远。

会减分的学习工具

作业本发下来，杜卡立刻大叫起来："为什么我一道题也没错，老师只给我打了'良'？"

当他看到赵豆的作业本时，叫得更大声了："为什么你的是'优'？"

"沈老师可真偏心！"杜卡不满地说。

难道真的是老师偏心吗？让我们看看赵豆的作业本，字迹工整，书面整洁，看上去非常舒心。

再看看杜卡的作业本，浅绿色的作业本上，分布着一团团白色的东西，那是使用修正液涂改后留下的痕迹，看上去非常刺眼。

怪不得老师给赵豆打了"优"，却给杜卡打了"良"。

现在，几乎每个学生都有一瓶修正液。当我们写错字时，轻轻一涂错字就不见了，多方便呀！可是，修正液却给作业本打上了白色的"补丁"，谁会喜欢有"补丁"的作业呢？

而且，质量不好的橡皮擦和修正液含有有毒物质，会影响学生的身体健康。所以，快把你手上的修正液收起来吧！

写作业时，要集中精神，想好了再下笔，这样就会减少错误率。即使不小心写错了，用笔轻轻地画一条线就好，不要涂成一团黑，更不要用修正液。

你好，字典朋友

中午，赵豆正坐在座位上看书，宁小奇好奇地问："你在读什么书啊？"

"我在读《水浒传》。"赵豆说，"你知道吗？这本书写得可精彩了！"

宁小奇凑上去看了看，皱着眉头说："是吗？可是我有好多字都不认识呀！"

赵豆拍了拍桌上的字典，说："我和你一样，也有很多字不认识，不过我们有字典这个好帮手呀！"

借助字典这个好朋友，赵豆还读了许多古今中外的名著，比如《西

游记》《三国演义》《基督山伯爵》《茶花女》等。

中国的汉字源远流长，数量众多，我们不可能每个字都认识。但当我们遇到不认识的字词时，只要拿起字典查一查，就能轻松找到答案。是不是非常方便呢？

 你会用字典吗？

● 利用字典内页两侧的字母标识，能快速有效地查找。

● 查字典时，最好看完关于这个字的所有解释。这有助于你加深理解。

● 学会并掌握多种检字方法。

字典的历史

中国辞书之祖：《尔雅》

《尔雅》成书时间不早于战国，不晚于西汉初年。它首次汇总了古代汉字的语音、词汇和语法，并进行分类，做出了解释。

第一本以字典命名的汉字辞书：《康熙字典》

在古代，具有字典性质的书被称为"字书"。直到《康熙字典》的问世，字典才被称为"字典"。《康熙字典》是由清朝的张玉书、陈廷敬等三十多位学者花了六年时间编撰而成的。

你会做笔记吗?

放学回家后,宁小奇拿出自己的课本,准备复习一下今天学过的内容。可是,当他打开书本,看到自己做的笔记时,眉头就皱起来了。

只见课本上密密麻麻写满了笔记,连字都看不清了。这里几个圆圈、那里几条波浪线,这里不够写了,就拉一条箭头,写到另一块地方……

才看了一分钟,宁小奇的眼就花了,根本没有继续看下去的兴趣。这哪是笔记呀,简直就是"连连看"游戏的困难版。

在课堂上,做笔记非常重要,可以增加对所学知识的印象,增强理解力,找出重点,补充课本上没有的资料，还能帮助我们课后慢慢消化知识，让我们记得更牢。

可是如果笔记做得不好，只会产生事倍功半的效果，更别说帮助我们提高成绩了。

到底怎样做笔记才好呢？

请这样做笔记

- 哪些内容需要做笔记：老师讲过的重点、难点；课本上没有明确答案的内容；我们在上课过程中产生的疑问也要记下来，方便课后解答。

- 不要把笔记全写在书上，为每门功课准备一个随堂笔记本。

- 做笔记要抓住重点，清楚简单。不要一股脑儿地把老师说的全写上，记太多反而影响复习。

- 用特殊符号给笔记的内容分类。比如重点内容画上波浪线，或用三角形标记；有疑问的地方打上问号等。

- 学会使用大括号、树状图等统计符号，能轻松理清笔记的思路。

- 课后补充和检查笔记，这等于是把课文重新复习了一遍。

摘抄本，写作文的秘密武器

"赵豆，赵豆，你的作文获奖啦！"

一大早，杜卡就拿着一张报纸冲进教室，大叫："赵豆，你快看，我在我爸爸买的报纸上看到了你的名字。"

大家好奇地凑上去一看，果然，报纸上的一篇文章，署名是××小学，赵豆。

宁小奇又羡慕又佩服："赵豆，你作文写得真好，有没有什么秘诀呀？换成是我，我可写不出来。"

赵豆神秘地一笑，从桌上拿起自己的摘抄本："我的秘诀都在这里面。"

原来，赵豆特别爱看书，他看书时有一个好习惯，看到优美的句子就会抄下来，并标明出处。每看完一本书，还会把自己的感悟写下来，过段时间再拿出来看一看。时间久了，赵豆也能写出优美的句子了。

这样做不仅能让我们学到知识，丰富我们的词汇量，还能提升我们的审美水平，大大提高写作能力哟！

摘抄本抄什么？

——优美经典的词汇、句子。

——富有哲理性的名言警句。

——有趣的、实用的知识点。

——自己的体会、感悟。

摘抄小技巧

- 标注摘抄的出处、作者等。
- 对摘抄的内容分类，例如感悟篇、美句篇、哲理篇等。
- 文字太多的内容摘抄一部分，并详细标明摘自何处，方便查阅。

教辅书,你选对了吗?

  一大早,宁小奇抱着一堆教辅书,怒气冲冲地走进教室,把书使劲往桌上一扔,坐在椅子上不说话了。

  杜卡问:"你怎么了?一大早就发这么大火。"

  宁小奇生气极了:"都是这些教辅书害的!"

  原来,昨天宁小奇从书店买了几本教辅书回来。这几本教辅书封面上都写着"名师解读""状元笔记",看上去非常实用。

  可是,宁小奇在使用时才发现,书里有很多明显的错误,甚至还有许多错别字！这才发现自己买到了"滥竽充数"的盗版书，他能不气吗？

教辅书是学习上的好帮手。可是，现在市场上的教辅书五花八门，质量参差不齐。如果不小心选错了，不仅对学习没帮助，还会带来危害。

怎样选择教辅书呢？

- 不要被封面上的"名师""状元"欺骗了。挑选知名度高、经典的教辅书，或者选择优秀的出版社出版的图书。
- 听从老师的推荐，老师更了解教辅书的优劣。
- 选择适合自己水平的教辅书。
- 教辅书不需要太多，只要内容全面、准确、精细即可。
- 教学大纲每年都会发生变化，尽量选择最新出版的教辅书。
- 选择带答案的教辅书。（不过不要直接抄哟！）

不要过分依赖参考书

"杜卡,这篇课文的主要内容是什么?"语文课上,宋老师突然叫杜卡起来回答问题。

杜卡信心满满地站起来,捧着参考书,直接念起来。

宋老师笑眯眯地打断他:"不要看参考书,你能用自己的话说一遍吗?"

"这……我……"杜卡放下了参考书,却一句话也说不出来了。

唉……自从有了参考

书,杜卡就不愿意自己动脑子思考了。他想:反正老师讲的知识都能在参考书上找到答案,还有什么好学的呢?

不可否认,参考书给学生的学习带来了许多便利,学生从中还能学到很多课本上没有的知识。可是,我们如果像杜卡一样,过分依赖参考书,会导致自己丧失独立思考的能力。要知道,不经思考获得的知识,很容易就会被遗忘。别让参考书变成学习上的绊脚石!

● **如何合理地使用参考书呢?**

1.不要直接照搬参考书上的答案,先把自己的答案写出来,再看参考书上的答案。

2.不要把参考书带到课堂上去,交流讨论时用自己的话来回答。

3.课前预习的过程中,遇到较难懂的问题时,可以借助参考书。

糟糕，上课听不懂

世界上悲惨的事情，不是上课不听讲，而是明明很认真，却听不懂老师在说什么。

你有过这样的经历吗？上课时，明明认真听讲，用心做笔记，从来不走神，可还是听不懂老师在讲什么。

究竟有哪些原因，会导致你上课听不懂呢？

1.学习基础差。

上课时，老师为了提高讲课效率，很多基础知识都不会详细地讲。如果你基础知识掌握得不牢固，就会听不懂。

2.课前没有预习。上课时可能会跟不上老师的节奏，这也会导致你听不懂。

3.不适应老师的教学方式。老师的讲课方式是针对大部分的学生，很难照顾到每一个人。所以，有同学不适应也是正常的。

4.上课时不主动。从不举手回答问题，有问题也不问，上课当然听不懂啦。

可见，一定要打好基础、提前预习、不懂就问，并努力适应老师的教学方式，以后上课就再也不怕听不懂了。

你预习了吗？

上课铃响了，宋老师拿着书本走进教室："同学们，这节课我们学习新课文。我让大家周末预习新课，大家都预习了吗？"

"预习了！"大家异口同声地说，唯独宁小奇保持沉默。

宋老师点点头，微笑着说："那我检查一下大家的预习情况。宁小奇，你来朗读一下课文。"

宁小奇慌慌张张地站起来，捧着书本开始朗读。可是才读了几句，就卡壳了。

宁小奇支支吾吾地说："老师，这个字……我不认识。"

宋老师觉得奇怪："你没预习吗？"

"我忘了……"宁小奇羞愧地低下头。唉……周末他为了和朋友去打篮球，早把预习的事丢到了一边，现在后悔也来不及了。

我要预习了！

课前预习是学习新课的第一步，帮助我们对新内容有初步的认识，有助于提高听课效率，还能培养自学能力。好的开始是成功的一半，无论做任何事，都要提前准备。要想取得好成绩，宁小奇就必须改掉贪玩不预习的毛病。

 预习需要注意的地方

1. 初步浏览。"书读百遍，其义自见。"把课文先通读一遍，能对内容有初步的了解。

2. 做好笔记。遇到生字词，借助工具书注音、释义。遇到不懂的问题，在书上做好标记。

3. 带着问题预习。预习不是把课本看一遍就够了，要边看边想：课文的重点、难点是什么？这句话是什么意思？

4. 对新课内容了解后，可以尝试做一下课后习题，会有意想不到的效果。

5. 结合旧知识预习。复习巩固与新知识相联系的旧知识，使预习更系统化。

嘿，该复习啦！

"要是我的大脑能像电脑硬盘一样就好了！"

宁小奇为什么这么说呢？因为每次学完新的知识，刚开始宁小奇还能记得很牢固，可没过几天就忘得差不多了。而电脑硬盘却很厉害，如果把数据储存在硬盘里，除非硬盘中毒或者坏了，否则这些数据就永远不会消失。

很多同学也有着和宁小奇相同的烦恼，学过的知识很快就忘了。那我们应该怎么做呢？

其实，方法很简单，就是反复地复习。孔子曾提出"学而时习之"和"温故而知新"，学过的知识要经常温习，不仅能把知识记牢，还能从其中获得新的理解和体会。

可是，我们每天的时间都是有限的，还要学习新的知识，复习的时间少之又少。有没有高效、省时的复习方法呢？

这样复习，事半功倍

复习不要胡子眉毛一把抓，着重复习重点、难点和经常出错的知识点，同时不要忘记夯实基础知识。做适当的复习笔记。

对复习内容进行系统的整理。比如对每单元的公式、概念等进行归纳。

根据具体的时间和各门功课的实际情况，安排好复习计划。不要复习了这科，丢了那科。

复习需要反复。规定自己定时复习，如每天睡前复习当天所学，周末复习这一周所学，每月月底再将这一个月的内容系统复习一次。

温故而知新

这句话出自《论语》，温，是"温习"的意思；故，就是"旧知识"。这句话的意思是，经常温习旧知识，能得到新的理解和体会呢！

培养想象力吧！

"赵豆可真无聊。"无论是在生活中，还是在学习上，大家都这样说赵豆。有一次作文课上，老师问大家："如果让你们变成一种动物，你们愿意变成哪种动物呢？"

不就是一块石头吗？

有的同学说："我想变成一只雄鹰，这样就能在蓝天中自由翱翔。"

看，那块石头真像一只猴子。

有的同学说："我想变成一条鱼，畅游在水底，探索大海的秘密。"

有的同学说："我想变成一匹骏马，在一望无际的草原上奔跑。"

同学们纷纷举手，说出了自己的想法。大家的答案五花八门，充满了想象力。

赵豆却低声对同桌说:"真无聊,人怎么可能会变成动物呢?"

哎……到底是老师的问题无聊,还是没有想象力的赵豆无聊呢?

想象力是创造的源泉。充满想象力的人,善于发现生活和学习中的乐趣,每天都充满了动力和热情。而一个没有想象力的人,很难发现身边的快乐,觉得学什么都很枯燥。你愿意成为哪一种人呢?

如何提高自己的想象力呢?

1. 在阅读中培养想象力。比如多看一些神话故事书、童话书、科幻书。

2. 仔细观察,多多提问,积极思考,打开想象力的大门。

3. 积极参加科技、文艺、亲近大自然等活动,开阔视野,为提高想象力创造条件。

4. 努力学习更多的知识。知识越多,想象力就会越丰富。

第三章

集中注意力，主动出击！

适合自己的学习方法

乔西和黄灿灿是班上成绩最好的两名学生,可是,两人的学习方法却完全不同。如果把对方的学习方法用在自己身上,不仅不管用,甚至还会适得其反。可见,学习方法有很多种,适合自己的,才是最好的。

先看看自己是哪种性格,再试着找出与自己性格相符的学习方法吧!

我喜欢一边听古典音乐,一边学习。听着美妙的音乐,我会很放松,学习效率也非常高。如果不让我听音乐,那我一定会闷死的。

我喜欢在安静、无人打扰的环境里学习,这会使我静下心来,专注学习。一边听音乐一边学习,音乐对我来说简直就是噪声,会分散我的注意力……

你属于哪种性格的男生呢？

像飞鸟的男生

喜欢挑战

想象力丰富

充满热情

积极参加班上的各种活动

像山羊的男生

性格活泼

思维跳跃

缺乏耐心

精力旺盛

像狮子的男生

有主见

目标明确

喜欢发号施令

责任心很强

像骆驼的男生

性格内向沉稳

小心谨慎

喜欢安静

胆子小，不敢在众人前说话

像飞鸟的男生如何学习？

数学课上，数学老师正在讲台上认真地讲解习题。突然，宁小奇举起手来："老师，我有一个想法。"

看到有学生主动举手提问，数学老师眼睛一亮，满意地点点头："你有什么想法？"

宁小奇站起来，自信地说："您刚刚的解题方法太复杂了，我认为还有更简单的方法……"

教室里一阵唏嘘。天哪，宁小奇的胆子也太大了，居然敢反驳老师。

没想到，听完宁小奇的话，数学老师不仅没生气，反而肯定了宁小奇的方法，还表扬了宁小奇一番。

同学们的眼睛瞪得更大了，难道，宁小奇比数学老师还要厉害吗？

其实，宁小奇并没有大家想象的那么厉害，他只是喜欢从多个角度思考问题，一道题也能被他想出好几种解法呢。

在学习上,"飞鸟性格"的男生应该怎样充分发挥自己的优点呢?

 优点:充满热情,对未来拥有美好的憧憬。

> 树立梦想,为梦想制订一份详细的计划书,然后一点一点去实践,一点一点向梦想靠近。

 优点:喜欢交朋友,积极参加集体活动。

> 多向优秀的同学请教,学习他们的优点和长处。多参加户外学习、实践活动,增长见识,提升各方面能力。

 优点:喜欢挑战自己,超越自己!

> 每天给自己布置一些难解题,难度逐日增加,在解题的过程中收获成就感。

 优点:想象力丰富。

> 将想象力与学习相结合,大胆提出质疑,主动思考,主动探索,发现学习的乐趣。

像山羊的男生如何学习？

周末，杜卡去乔西家写作业。刚开始，杜卡还能很专注地做作业，还时不时和乔西讨论。可是，才写了一会儿，杜卡就像屁股上长了刺一样，在椅子上动来动去。

"你怎么了？"乔西问。

"我想去上厕所。"说完，杜卡飞速奔向洗手间。

回来后，没过多久，杜卡又坐不住了，东看看，西望望。

乔西皱着眉头问："你又怎么了？"

杜卡嘿嘿一笑："我想去上厕所。"

乔西大叫:"可是你五分钟前才去过一次!"

杜卡忍不住抱怨:"今天的作业全是计算题,我都做腻了。"

其实,杜卡根本不想上厕所,只是以上厕所为借口逃避写作业而已。像杜卡这样的性格,做什么事情都只有"三分钟热度",更别说长时间坐在这里学习了。

没有耐心,不能坚持,这样的学习态度,怎么能提高学习成绩呢?

 "山羊性格"的男生该怎么学习呢?

合理安排学习时间,做好明确的计划安排。比如,每天什么时间做作业,什么时间休息,什么时间看书等。

不要为自己"找借口"。"要去上厕所""今天很忙,没时间看书"这样的借口会分散注意力,耽误学习的进度,赶快停止吧。

培养自己的耐心。告诉自己,如果这件事情不做完,就一个星期不能玩电脑。

和同学们一起学习、做作业,经常参加讨论,有了同学的监督,就不会"坐不住"啦!

像狮子的男生如何学习？

"狮子性格"的男生有什么优势？

天生具有领导才能，一般在班上会担任班干部。

对自己充满信心。

有管理能力，能够管理好班级事务。

非常有责任感。

遵守规则，自制力很强。

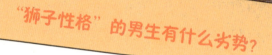

"狮子性格"的男生有什么劣势？

因为要管理各种班级事务，可能会耽误学习。

害怕失败，自尊心强。

容易滋生骄傲自满的情绪。

有时候太固执，听不进别人的意见。

💖 适合"狮子性格"的男生的学习方法

在学习上严格要求自己。要知道,一个好的领导者,首先必须要成为一个优秀的人。

学习才是首要任务。学习好了,才能更好地去做其他的事情。

合理安排时间。如果班级事务占据了你太多的学习时间,那么,你就要学会合理调节。必要的时候,还可以去跟老师商量。

建立一个学习小组,和大家一块儿学习,互帮互助,共同提高学习成绩。

不怕失败和挫折,不要急躁,要一步一个脚印,慢慢进步。

像骆驼的男生如何学习？

不敢向老师提问，不喜欢参加讨论，害怕在众人面前回答问题，经常因为一些学习上的问题感到烦恼，学习效率降低……哎，学习没有进步，还有下降的趋势，性格内向的赵豆急坏了，自己到底该怎么办呢？

其实,"骆驼性格"的男生在学习上也有自己独特的优势。比如小心谨慎的性格,在学习、做作业时更仔细呢!

"骆驼性格"男生的学习方法

- 选择在图书馆或者自己的房间,独自安静地学习,学习效果会更明显哟。
- 经常在人多的地方大声朗读课文、英语单词,既能把知识记得更牢,又锻炼了自己的胆量。
- 勇敢地在课堂上举起自己的手。只要勇敢踏出了第一步,就再也不会害怕了。
- 试着和身边的同学讨论学习问题,表达自己的观点,人数从1个、2个、10个……这样逐渐递增,循序渐进地和"社交恐惧"说再见。
- 有烦恼千万不要闷在心里,可以向好朋友倾诉。得到了朋友的安慰和开导,心情舒畅了,学习起来自然轻松又高效。

要学习，也要休息

小测试，你是一个会休息的人吗？

1. 经常熬夜，早起时精神不好。
2. 记忆力越来越差。
3. 总感觉眼睛睁不开，全身无力。
4. 没有什么特长和兴趣爱好。
5. 不喜欢参加体育活动。
6. 很少听音乐、看课外书。
7. 注意力很难集中。
8. 戴近视眼镜。
9. 一上课就容易犯困。
10. 有时候晚上会失眠。

上面10个选项中，如果你选择了3项以上，那么你一定是个不会休息的人。要知道，一个真正聪明的学生，不但知道怎么学习，还知道怎么休息。因为只有休息好了，学习的效率才能提高。

● 做一个会休息的人

- 不熬夜，不赖床，保证良好的睡眠。
- 经常参加体育运动，比如晨跑、打球等。
- 拒绝垃圾食品，多吃清淡、有营养的食物。
- 不要把所有的时间都用来学习，空出一点儿时间休息放松。
- 经常做深呼吸。
- 不要长时间看书，养成定时远眺的好习惯。

昨晚没休息好，现在好困、好累呀……

优秀男孩的 学习妙招
Learning Tips

上课，集中注意力

上课时，不远处的操场上正在进行篮球比赛，传来阵阵喝彩声。坐在窗户边的杜卡坐不住了，哪儿还有心思听课，眼睛一个劲儿地往外看。

这时，正在上课的宋老师突然叫道："杜卡，窗外有什么好看的？跟大家说说。"

杜卡的注意力全被操场上的篮球比赛吸引住了,还没反应过来,漫不经心地回答道:"操场上在打篮球赛,好看着呢……"

话还没说完,教室里就爆发出一阵哄笑声,杜卡这才回过神来。

一节课有40分钟,能坚持下来的同学有几个?除了乔西和几个特别爱学习的学生外,总有人忍不住走神,一会儿转笔,一会儿东张西望,或者找同学说小话。

可你知道吗?上课走神几分钟,可能就再也跟不上老师的思路。即使后来收回思绪,也听不懂老师在讲什么。课堂上落下的知识,课后花几倍的时间都补不回来呢。上课集中注意力,紧跟老师的思路,是提高学习效率的最好办法。

上课如何集中注意力?

♥ 端正坐姿,不要趴在桌子上听课,这样很容易犯困。

♥ 老师讲课时,要边听边想,使自己的思维变得活跃起来。

♥ 积极举手回答老师的提问,这能使你变得更加专注。

♥ 跟紧老师的进度,听课时可以注视着老师的眼睛。

做错的题能不管吗？

作业本发下来了，错了两道题……宁小奇看了一眼，直接把答案写在后面，便将作业本随手扔进了课桌里。

黄灿灿则把做错的题目重新做了一遍后，对宁小奇说："咦？你不更正吗？"

宁小奇皱着眉头说："麻烦，反正老师已经把答案写出来了。"

第二天，老师又布置了相同类型的题目。这次，黄灿灿做对了，而宁小奇还是不会做。

很多人和宁小奇一样，没有更正的好习惯。可是，做错的题目能不管吗？如果不及时找出错误源头，下次还是会犯同样的错误，直接影响学习效率。

犯了错，要改过，下次就不会再犯了。同样的道理，作业做错了，要更正，下次就不会出错了。把做错的题目重新做一遍，并不会花费多少时间，反而能帮助我们记得更牢，加快学习进度。这样事半功倍的事情，为什么不去做呢？

检查，让漏洞无处可逃

今天，宁小奇既高兴又郁闷。高兴的是，数学随堂考试的成绩出来了，他得了99分的高分。扣掉的这一分，是因为他写错了一个数字。明明可以拿满分，却因为自己的粗心大意丢了分，宁小奇又郁闷极了。

相信很多人都有着同样的疑问："这道题明明很简单，为什么会做错呢？"

其实，越简单的题越容易丢分，往往都是因为自己的粗心大意造成的。比如选择题填错了答案，填空题写了错别字，应用题没看清题目等。平时不养成认真检查的习惯，到考试的时候，就会白白丢掉分数。如果做完作业后仔细检查，就不会出现这样郁闷的事了。

同学们的检查小妙招

乔西：每次做数学题时，我都会选择"代入法"检查，把算出来的答案代入公式中验算，这样就能检查出答案是否正确。

黄灿灿：考试时，我会根据剩余时间的多少来安排检查。如果时间充足，就按顺序挨个检查。如果时间不够了，就挑自己容易出错的题检查，比如单位换算是否正确、语句是否通顺……

赵豆：对把握不大的题目，我会重新算一遍。如果第二次算出来的答案和第一次一样，就不容易出错。

这节课学了什么？

我正在对上节课的内容进行总结和归纳。学过的新知识，很容易就会忘记。所以，我必须趁热打铁，抓紧时间巩固、复习，把这些知识牢牢地记在脑海里。

中午，大家都出去玩了，乔西却独自待在教室里看书，还时不时地拿笔写着什么。他在干吗呢？

相信很多同学都有这样的感觉：刚学过的知识，忘记得非常快。如果能养成及时总结和归纳的习惯，这个知识就会记忆深刻。

想要加深和巩固对学习内容的理解，就离不开归纳和总结。把课本上的内容、老师讲过的知识、自己的理解融会贯通，独立地消化、吸

这节课学了什么呢？

收，不仅能帮助自己梳理知识的脉络，加深对学习内容的理解，还会提高学习效率呢。

如何进行课后归纳与总结？

- 在理解的基础上归纳和总结。要知道，理解是记忆的前提和基础。很多人习惯直接把老师说过的内容抄下来，实际上根本没有理解，这样就无法把知识完全吸收。
- 不要只完成老师布置的任务，还要看看书、做笔记、做习题。这样有利于全面地巩固知识，还能培养自主学习的能力。
- 课本上的知识是有规律的。每一个单元都有知识主线和要点，章节之间的知识也有联系。掌握每个单元知识的要领，综合归纳，学习目标就会更明确，思路也会更清晰。

课间十分钟我能干什么？

杜卡的学习成绩不算好，篮球却打得非常棒。每次下课铃一响，他就立刻冲到篮球场，等到上课铃响了，才气喘吁吁、大汗淋漓地跑进教室。

而赵豆呢？下课后安静地坐在教室里看书或写作业。除了上厕所，几乎不出教

> 课间十分钟本来就是用来休息的。如果上课学习，下课了也学习，多累呀！

> 学习要争分夺秒。如果把每个课间的十分钟都用来学习，成绩一定能得到提高。

室半步。

课间十分钟该如何度过呢？杜卡和赵豆的做法，谁的比较好呢？

实际上，不管是杜卡，还是赵豆，他们的做法都不值得我们学习。

因为课间只有短短的十分钟，不适合做太剧烈的运动。如果像杜卡这样，一下课就跑出去打球，下一节课一定会觉得很累。当然，也不应该像赵豆一样长时间坐在教室里，这不利于身体健康。

所以，度过课间十分钟的最好方法，就是去教室外走一走，散散步，让大脑得到放松和休息，这样才能提高学习效率。

优秀男孩的 学习妙招 Learning Tips

单词怎么才能记牢？

"b-a-n-a-n-a！香蕉！"

"b-a-n-a-n-a！香蕉！"

一大早，杜卡就拿着英语书开始背单词了。旁边的乔西听了，皱着眉头说："杜卡，谁教你这么记单词的啊？"

杜卡挠挠头，不解地说："我平常就是这么记单词的，有什么不对吗？"

乔西毫不客气地说："像你这样死记硬背，只会浪费时间和精力，而且记得不牢固，过不了几天就会忘记。难怪你的英语成绩一直提不上去呢！"

杜卡不好意思地挠挠头："那你有什么记单词的好方法吗？"

乔西的单词记忆法

● 组合记忆法。比如football（足球）是由foot（脚）和ball（球类）组成，classroom（教室）是由class（班级）、room（房间）组成。

● 不要一个字母、一个字母地去记，英语单词也是有音标的。我们可以根据英语单词的发音，一边拼，一边记。

● 很多单词都具有相似性，找到单词之间的联系。比如air（空气）—hair（头发），pig（猪）—big（大）。

● 汉语中有很多词组是英语音译过来的，我们可以根据谐音记单词。比如巧克力—chocolate，沙发—sofa，巴士—bus。

● 英语单词要反复记忆，隔一段时间复习巩固，单词会记得更牢。

英语，大声说出来吧！

这天，乔西家里来了一位外国客人，他是乔爸爸在国外认识的朋友。这位外国客人一见到乔西，就热情地向他打招呼："Nice to meet you！"

平时，乔西和谁都聊得来。可是不知道为什么，一看到这个外国人，他就支支吾吾地说不出话来了。

爸爸在一旁说："咦，你的英语不是挺好的吗？怎么连简单的打招呼都不会了？"

乔西沮丧地说："我……我一紧张就全忘了！"

其实，乔西是怕自己的英语说得不好，会被外国客人笑话。很多同学和乔西一样，平时的英语成绩很好，做起英语题时得心应手，可是一到"说"的时候，就无法开口了。

我们学习英语，是为了能和外国人更好地沟通。如果不说出来，怎么知道哪里说得不好、哪里需要改正呢？又怎么进行交流呢？

所以，不要害怕出错，大胆地说出来吧！在学校时，也可以尝试着用英语和同学、老师交流哟！

一首英文歌

乔西的妈妈喜欢听美国歌手泰勒·斯威夫特的歌。每天早上，乔西的闹钟还没响，隔壁房间就传出了泰勒的歌声。

听得多了，乔西也能跟着唱几句。

这天，乔西正在打扫教室，突然唱起了一首泰勒的歌。宁小奇听到后，惊讶地问："乔西，你还会唱英文歌啊？"

乔西愣了一会儿："我也不知道啊，我天天听妈妈放的英文歌，没想到听着听着就会唱了。"

乔西脑海中突然浮现一个想法：如果每天早上都播放英文故事的CD，那么过一段时间自己是不是也会读会背了呢？

虽然乔西的这个想法听起来有点儿笨，但是，却不失为一个学英语的好办法。俗话说，熟能生巧，一个单词多听几遍就会读，一句话多听几遍就能背。相信过不了多久，乔西的英语听力水平一定能得到提高！

生活中，处处都能学英语

♥ 没事的时候看一看英文电影。比如《驯龙骑士》《功夫熊猫》《闪电狗》等，既好看，又能学到很多知识。

♥ 学唱几首简单的英语歌。（注意：一定要了解歌词的大意后再学！）

♥ 用简单的英语对话。每天的英语课学了什么呢？试着把它运用到生活中来吧！

♥ 大街上、商场中、车站内到处都有英语标识和广告词，多看多读多理解，能在不知不觉中学会好多常用英语单词呢！

数学真的没救了吗？

赵豆的数学成绩很差，考试经常不及格。每次上数学课，他都听不懂老师在说什么。时间久了，连他自己也失去了信心。

"难道只有聪明人才能学好数学吗？难道自己的数学真的没救了吗？"

不可否认，学好数学需要有严密的逻辑和敏捷的思维。但是数学好并不是聪明人的特定标签。只要找对方法，勤加练习，任何人就都能学好数学。

不失误的数学学习法

最好将数学的定理、公式、法则背得滚瓜烂熟，这是学习数学的基础。当然，要在理解的基础上记忆，不要死记硬背。

想要把数学学好，必须要做大量的练习题，这样才能熟练地掌握解题技巧。

不要忽略数学书里的例题。

上课一定要认真听讲，不懂的地方及时问老师。

每做一道题，不要为了偷懒只写答案，最好将解题过程写下来。

检查和更正是学习数学的左右助手。

多角度思考问题，一题多解，能开拓解题思路，培养学习兴趣。

应用题，放马过来吧！

应用题是数学学习中的一个难点。计算题只需要数字运算，就能马上得出答案。可是当遇到由很多句子组成的应用题时，有时候是不是连问题是什么我们都读不懂呢？

很多同学看到应用题就望而却步。难道应用题真的有那么难吗？其实，只要搞清楚题目的意思，找到合适的解题方法，就能轻松解答应用题！

> 世界上最遥远的距离，不是生与死的距离……

> 而是应用题认识我，我却不认识它。

- 审题。将题目反复地看几遍，充分理解题目的意思。
- 对内容较长的应用题，可以将句子进行拆解，分开阅读。
- 将已知条件、问题在草稿纸上列出来，解答起来就会一目了然。
- 解答某些应用题需要进行单位的换算，所以计算时一定要看清楚哟！
- 根据对题目的理解，列出需要用到的算法、公式，比如设未知数等。
- 情景带入法。很多应用题都来源于生活中的实例，把自己想象成应用题中的主人公，你会怎么解决这个问题呢？
- 如果是求解距离或者图形面积、体积的应用题，还可以在草稿纸上画图求解。

根据上面的方法，试着解答下面这道应用题吧！

甲、乙两地相隔370千米。一辆客车和一辆货车同时从两地相向开出。4个小时后相遇。已知客车每小时行驶45千米，求货车每小时行驶多少千米。

我能一目十行

下课后,宁小奇和杜卡凑在一起看课外书。宁小奇正看得津津有味,可是杜卡却有点儿不耐烦了。

"宁小奇,你看书的速度也太慢了吧,这一页我都看完第二遍了,你怎么还没看完啊?"

"再……再等一下,我已经看到最后一行了!"宁小奇不好意思地笑了笑。哎……为什么杜卡看书这么快,自己看书却比乌龟爬还慢呢?

不能,但我能十目一行……

你能一目十行吗?

如果是读课外书还好，要是在考试时也这么慢，那就太浪费时间了。要知道，浪费时间，很可能就是在浪费分数。

有什么办法能够提高阅读的速度呢？

提高阅读速度的诀窍

● 不要一个字、一个字地读，学会一句、一句，或一段、一段地整读。

● 默读比朗读的速度快。看书时不要读出来，能有效提高阅读速度。

● 跳跃式阅读。如果内容很长，可以跳过一些修饰性的语句或段落。

● 搜寻式阅读。搜索文中的关键词、重点或中心句，快速整合。

● 提问式阅读。带着问题或明确的目标阅读。比如，一篇记叙文，可以带着"故事是什么时间发生的""起因是什么""高潮情节在哪儿""结局怎么样"等问题进行阅读。

轻轻松松背课文

请朗读并背诵全文

宁小奇最怕的就是背课文。有时候，一篇课文翻来覆去背了几十遍，怎么也背不熟。更要命的是，明明已经会背了，可是只要过一段时间就忘得差不多了。

要问宁小奇是怎么背课文的，他的回答一定是："不就是不停地读、大声地读嘛。"

如果真像宁小奇说的这么简单，只需要大声读就可以了，那他也不会这么怕背课文了。

其实，背课文也要讲方法和技巧。如果对课文的内容都还不了解，一味死记硬背，只会事倍功半。

那么，什么方法能使我们背得又快又牢呢？

 背书的速成法则

在背诵课文之前，要把不认识的生字、生词标上读音和解释，消除阅读障碍，才能使背诵过程更顺畅。

熟悉全文是背诵的前提。通过数遍的诵读，了解文章的整体内容，能在大脑中形成一个大概的轮廓。

理解记忆。对古诗词和文言文，如果没有详细的翻译和解释，别说背诵了，就连读通都很困难。这篇课文是什么结构？这首诗是什么意思？如果对文章有了详细的理解，就能轻松把课文背下来啦！

分段记忆。有时候，需要背诵的文章太长、内容太多，可以把课文分成小段来背诵。最好标注每一段的主要内容。

选定关键词句。这样既能提醒你背诵的内容，又能起到连接上下文的作用，避免出现背诵断层或遗漏的情况。

学好语文就要多读书

乔西并不讨厌语文，他的语文成绩一直处于中上游水平，非常稳定。可是，让他感到郁闷的是，他想让语文考高分却非常难。

更让他觉得不可思议的是，在上一次的语文考试中，"垫底王"赵豆居然考了90分，比他这个总成绩"第一名"还多两分呢！赵豆的语文成绩究竟是如何提高的呢？乔西可真想向他取取经啊！

语文是一门非常"活"的学科，如果单靠死记硬背是很难拿

到高分甚至满分的。多读书、读好书，对增强自己的阅读理解能力和提高写作水平有很大帮助哟！

读书有助于学好语文

- 读书能丰富我们的知识含量，帮我们打好坚实的语言基础，提升阅读审美水平。
- 多读书、多阅读能培养我们的语感，锻炼我们对文章的理解、分析能力，准确把握文章的主题。
- 一边读书，一边做读书笔记，如摘抄名言警句等。以后写作文时可以借鉴或学习。
- 通过阅读，我们能积累丰富的词汇量，学习多种文章表达形式和技巧。所以，读书是培养写作能力的重要手段。
- 读完一本书后，把读后感写下来。积累写作经验，培养对文章的概括、总结能力，养成独立思考的学习习惯。

让男生最苦恼的作文

如果说女生最害怕的科目是数学，那么，最让男生头疼的就是写作文了。这不，宁小奇看着自己写的作文，眉头都皱得快打结了。

"今天，我早上八点起床，之后洗脸、刷牙，然后背着书包，去学校上学了……"

再看看黄灿灿的作文：早晨，我慢慢地走在去学校的路上，空气中弥漫着薄薄的雾气，微风吹拂，带来一阵香樟树的清香……

和黄灿灿的作文一比，宁小奇觉得自己的作文根本就没法看了。为什么一件普通的小事，黄灿灿能写得这么生动，而自己就写得像流水账？

唉……到底怎样才能写出一篇精彩的作文呢？

如何写出精彩的作文呢？

- 标题一定要有新意，能引人注意。
- 注重日常的词汇和素材等的摘抄、积累。
- 多阅读，对写作有很大的帮助。
- 多练笔，勤写日记。
- 看看别人的满分作文是怎么写的，多借鉴、多思考。
- 细心观察生活中发生的每件事，试着把这些事用文字表达出来。

优秀男孩的 学习 妙招　Learning Tips

记叙文怎么写？

写记叙文还不简单吗？不就是写一件事吗？只要把事情的起因、经过、结果写出来，就是一篇完整的作文了。

记叙文真的像宁小奇说的那么简单吗？

在作文中，最常见的就是记叙文了。一篇精彩的记叙文，不仅要叙事清楚、有趣，中心明确，还要表达出深刻、真挚的情感。稍不注意，就会写成流水账。

所以，要想把记叙文写得生动有趣，其实并不简单呢！

那么，怎样才能写好记叙文呢？

怎样写好记叙文？

★ **叙事的题材要新颖。** 如果大家都写同一件事，那老师也会看腻吧。

★ **叙事情节要曲折，波澜起伏。** 这样的文章才显得生动，才能吸引读者。

★ **中心思想要明确。** 比如这件事带给你什么样的感悟或启发，在写作文之前就要想好。

★ **生动的细节会为作文增添闪光点。**

★ **叙事思路明确、清晰，有始有终。** 不要这件事没说完，又写到另一件事。

★ **叙事最好能寄托或表达某种特定的情感、感悟。**

叙事的素材来源于生活中的所见所闻，你的身边发生过什么有趣的事情吗？赶快把它写下来吧！

你会写写景作文吗？

宁小奇正在房间里写家庭作业，可是，他一手撑着脑袋，半天没有落笔。

妈妈走过来问："怎么了，遇到什么难题了吗？需不需要我帮忙？"

宁小奇愁眉苦脸地说："老师让我们写一篇写景作文。可是，我最不擅长的就是写景了。老妈，你能教教我吗？"

妈妈想了想，说："上周你不是去爬山了吗？把你爬山时所见到的景物写下来就好了呀。"

"可是……可是……"宁小奇哭丧着脸说，"我还是不知道该怎么写。"

唉……相信很多人都有这样的烦恼吧。就算有写景的素材，可还是不知道怎么写。这真是一件伤脑筋的事情呀！

写写景作文有什么诀窍吗？

写好写景作文的诀窍

❤ 观察景物的特征，比如形状、气味、颜色，以及带给人的心理感受等。

❤ 学会运用比喻、拟人、夸张、排比等修辞手法，如春天像小姑娘，花枝招展地笑着、走着……

❤ 从不同的角度观察。比如由远至近、由近到远、或俯视、或仰视等。不同的角度，呈现的风景也不一样哟。

❤ 按照整体和局部的关系写。比如全景描写、细节描写等。

❤ 按照时间顺序写。比如春夏秋冬的风景都是不一样的。也可以写景物变化的过程，比如日出日落。

❤ 动静结合的写作手法。静态美和动态美的结合会使作文更有意境。比如，岿然不动的青山，脚下环绕着潺潺流动的河水……

❤ 通过不同的景物来表达自己的情感，能达到借景抒情、情景交融的效果。

栩栩如生的人物描写

　　看到上面杜卡的作文，无论是谁都猜不出来他描写的是老师吧！

　　再看乔西的作文：她的个子不高，背脊却挺得直直的，非常有精神。她的卷发乌黑发亮，眼睛大而有神，眼角还有一颗小小的黑痣……

　　才看了几句，大家就都知道乔西写的是班主任宋老师了。杜卡郁闷极了，为什么同样是描写宋老师，自己写的却一点儿也不生动呢？

人物描写的目的是为了刻画人物的性格，表现人物的精神面貌。想要达到"如见其人，如闻其声"的写作水平，不仅需要细心的观察，还需要掌握一些基本的人物描写技巧。

● 如何让笔下的人物活起来？

· 外貌描写

把人物的五官、服饰、神情、身体形态等用生动具体的语言表现出来。比如"布满皱纹的黝黑脸庞""笔挺的深灰色西装"等。

· 语言描写

通过描述人物说的话展示他的性格特征。语言要生动、简洁。

· 动作描写

同样能表现出人物的性格、形象，并推动情节的发展。

· 心理描写

对人物思想情感活动进行描写，使人物形象更真实、更饱满。

你是跑题大王吗？

宁小奇有一个外号，叫作跑题大王，因为他写作文总是跑题。要他叙述一件事情，他却大篇幅地描写风景。要他描写风景，他却重点描写人物。要他描写人物，他又长篇大论，写出许多大道理……

这天，老师布置了一篇题目为《校园秋景》的作文。宁小奇首先写秋天到了，学校里一派金黄的秋日景象。然后，他写到和朋友约好一起去操场打篮球赛。接着，他又写到经过激烈的角逐，他们班终于取得了胜利……

就这样，写着写着，《校园秋景》被宁小奇写成了《篮球比赛》。可见，写作文一定要围绕题目和中心主题来写，千万不要想到哪儿就写到哪儿。

> 我一个跟斗就是十万八千里。

如何才能不跑题呢？

1. 仔细审题，立意。确定一个明确的主题，不要想到一点写一点。如果是材料作文，最好将材料多读几遍，从中找出关键词，然后围绕这些关键词进行构思。

2. 写作文前，最好在草稿纸上先拟好提纲。有了明确的写作思路，就不容易跑题了。

3. 可以用一句话、一个词作为文章的文眼，在文章中反复提及、强调，这样就能紧扣主题，不会写偏啦！

优秀男孩的 学习 妙招
Learning Tips

只有女生才写日记吗？

说到写日记，宁小奇的脑海里就浮现出这样一幅画面：一个长发女生坐在桌前，打开粉红色的日记本，写下自己的小秘密……

宁小奇认为，只有那些多愁善感的小女生才会写日记吧！堂堂男子汉，没有小秘密，也不会把一些鸡毛蒜皮的事全都记下来，所以说，写日记是女孩的专利，男孩根本不用写日记。

你是不是也像宁小奇一样，对写日记有这样的偏见呢？其实，写日记并不仅仅是记下秘密和每天发生的琐事。日记包含的内容可多了：

感到不开心，却不知道该向谁诉说时，可以写在日记里；

遇到一件难忘的事，写在日记里，永久保存；

当看了一本好书，把感想写在日记里；

把自己的不足和犯的错误写在日记里，时刻提醒自己要改正。

......

不管是女生，还是男生，用日记记下这些事情可是益处多多！

- 让心情得到放松。
- 养成坚持的好习惯。
- 能够在潜移默化中提高写作水平。
- 感悟生活，学会珍惜和感恩。
- 真真切切地看到自己的成长和进步。

所以，记日记才不是女生的专利，男生也可以拥有一本属于自己的日记本。养成每天记日记的好习惯，记下生活中的点点滴滴，让它成为你学习和生活中的好朋友。那么现在赶快行动起来吧！

只用学语文、数学、外语吗？

语、数、外才是最重要的。像音、美、劳、品、科、健这些副科根本不重要，考试又不会考，根本没必要花时间在上面。

相信不仅仅是宁小奇，很多同学都会有这样的想法。可是，这样的想法对吗？

语文、数学、外语在平时的课程中所占比例大，是必考科目，确实应该重视。但是，这并不意味着其他的科目就不重要了。

音乐课能培养我们的情操；美术课能激发我们的艺术细胞，

培养想象力；体育课能让我们强健身体，精力充沛；品德课能培养我们的道德情感，提高个人素质；科技课能让我们了解科学的奥妙……

每一门科目都很重要，只要我们用心去学习，不仅能让我们找到其中的乐趣，还能拓宽知识的广度，让我们德、智、体、美、劳全面发展。

而且，每个学科之间是有联系的，我们只有把每一科都重视起来，学会融会贯通，才能加深对知识的理解，学习起来就会更轻松！

每门学科都很重要

★ 在重点学习主科的同时，也不要把副科丢在一边。

★ 副科的学习也需要理解，光靠死记硬背很难真正地掌握。

★ 不要在副科的课堂上，做语、数、外的作业。

★ 说不定，你能在副科里发掘你的潜能，找到学习之外的兴趣爱好哟！

作业借我抄一下

"喂,作业借我抄一下。"

"你抄完了吗?抄完了给我抄。"

作业本像飞行器一样,从这个角落飞到那个角落。每天早上,在教室里都能看到这样的"奇景"。

如果前一天来不及做作业,很多同学就会选择第二天借同学的作业抄一抄,还美其名曰"借鉴",甚至还有同学认为,抄作业不用自己动脑筋,几分钟就能把作业写完,多方便呀。

可是,如果抄作业被老师发现,后果一定会很严重。即使老师没有发现,这也不是一件光荣的事情吧!更重要的是,抄作业还是我们学习道路上的拦路石。

抄作业的坏处

★ 使我们养成爱偷懒的坏习惯。

★ 所学的知识没能得到巩固,全都还给了老师。

★ 不会做的题,下次遇到还是不会做。

★ 考试遇到同样的题,还是不会做!

所以,像抄作业这种百害无一利的行为,我们还是坚决地制止吧!

 我能自己完成作业

★ 动脑筋思考,不要偷懒。

★ 不要担心会做错。不会的地方可以向别人请教。如果做错了也没关系,掌握方法后,更正过来就好了。

★ 上课时不要走神,认真听课,做作业时,就不会出现"完全不会做"的情况了。

★ 如果作业太多,就制订一个作业计划。

第四章

保持成绩，继续前进！

不要相信这些谎话

一位同学考了第一名,大家都在夸他。有人问:"你考得这么好,有什么复习的好方法吗?"

"其实,我根本就没复习啦!"这位同学得意扬扬地说。

天哪!不复习就能考第一名,真的有这样的好事吗?

不复习怎么可能考第一名?他很有可能在撒谎!每个人对知识的记忆都有时间限制,只有反复练习和巩固,才能将知识牢牢地锁在脑子里。即使再聪明的同学,如果没有复习助航,如果不反复巩固学过的知识,过不了多久也会忘记,考试中还怎么取得好成绩?

所以,当我们听到这样的话时,千万不要当真。只有经过长期的努力、不断的积累,以及系统的复习,才能取得好成绩!

这些谎言陷阱，千万不要相信：

放学后我会先看电视、玩游戏，然后才学习看书。

> 对自控力超强的优等生来说，想什么时候学习，就能什么时候学习。对自控力不强的同学，一定不要这样做。因为你很有可能会沉迷在游戏中，把学习忘在一边。

我上课时随便听一听就好，一般都是课后自学的。

> 这句话简直大错特错。在老师的帮助下，我们的学习会更全面、更完整。一个人的自学能力再强，光靠自己也是不行的。

做这么多题目根本没用，同类型的题目做一两道就好了。

> 虽然我们并不提倡题海战术。但是不可否认的是，多做题不仅能巩固所学知识，还能锻炼我们的解题能力。

我只学自己喜欢的科目……

> 想学的科目就学，不想学的就放一边，长此以往，偏科会很严重。正确的做法是：感兴趣的科目重点培养，不喜欢的科目也要培养学习兴趣。

你有竞争对手吗？

乔西和黄灿灿是班上成绩最好的两个同学。每次考试，如果乔西是第二名，那第一名一定是黄灿灿；如果乔西考了第一名，那黄灿灿一定是第二名。

对他们两人来说，对方一直是自己最大的竞争对手。上一次考试，乔西就给自己制订了目标——一定要胜过黄灿灿。

经过不懈努力，乔西终于如愿以偿拿了第一名。但是，黄灿灿并没有就此认输，她同样给自己定下了目标——超过乔西，并更认真地学习。

两人在学习上你追我赶，暗暗较劲，谁也不让谁。最终他们都取得了自己满意的成绩。

你有学习上的竞争对手吗？

要知道，拥有一个学习对手，能让我们明确自己的目标，激励我们进步，迎接一次又一次挑战。

如果你还没有学习对手，那么赶紧给自己寻找一个吧。

如果你已经拥有了学习对手，那么就勇敢地告诉自己：下次考试，我一定要超过他！

 如何选择竞争对手？

- 选择竞争对手的目标不要太高。可以选择与自己势均力敌，或比自己厉害一点点的对手。
- 当你打败了对手时，就给自己寻找一个更厉害的竞争对手吧！
- 竞争对手不是敌人，你们甚至能成为好朋友，互帮互助，友好竞争，一起进步，实现"共赢"。

你的竞争对手是谁呢？

写下他的名字，向他"宣战"吧！

考试前……

其实，他们对待考试的态度都不太对。那么，在考试前，保持什么样的心态才是最好的呢？

- 制订复习提纲，明确重点、难点，不要胡子眉毛一把抓。
- 制订明确、合理的复习计划。
- 保证充足的睡眠，不要熬夜。
- 抽出空余时间休息、放松，不要把所有时间都用在复习上，注意劳逸结合。
- 保持良好的心态。可以散散步、找朋友聊天等，轻松迎接考试。

临时抱佛脚行不通

夜深了,房间里的书桌上还亮着一盏昏黄的台灯。一个身影正趴在台灯下,努力学习。

妈妈走进房间,皱着眉头问:"这么晚了,怎么还没睡觉?明天还要上学呢。"

宁小奇抬起头,一脸的疲惫:"马上就要考试了,我还有好多内容没有复习,得抓紧时间……"

"考试也需要休息!如果总是熬夜,怎么能轻松面对考试呢?"

在妈妈的催促声中,宁小奇才不情愿地关了灯,上床睡觉。

第二天,宁小奇顶着一双熊猫眼走进教室,刚坐下,就趴在课桌上呼呼大睡。上课时,宁小奇哈欠声不断,根本不能集中精神。到了下午就更累了,眼皮一直在打架,更别说认真听课了。

哎……没想到,熬夜复习不仅没取得什么显著的成果,反而耽误了一天的课程,真是得不偿失啊!

临近考试,很多人都和宁小奇一样,一改往日的学习态度,不玩电脑、不看电视,整天埋头学习,甚至挑灯夜读,经常熬夜,这就是"平时不努力,临时抱佛脚"。也有人认为,"临时抱佛脚"总比不"抱"好吧,这样的说法真的正确吗?

"临时抱佛脚"有什么坏处呢？

1. 没有良好的学习基础，很难在考试时取得好成绩。

2. 平时不努力，一到考试就强行向大脑塞进各种各样的知识。大量的知识没有整合归纳，很容易遗忘。

3. 挑灯夜读，经常熬夜，这样的学习方式会让我们缺乏休息，导致精力不济，考试时很容易影响发挥。

4. 无论做什么事都拖到最后一刻，养成拖拉、马虎的坏习惯。

考前一周，该怎么复习？

吃完晚饭，宁小奇回到房间开始复习了。妈妈端着牛奶走进来，看到宁小奇手拿着一沓厚厚的复习资料，一字一句地看着，密密麻麻的小字看得人眼都花了。

妈妈微微皱起了眉头，问："小奇，这么多资料，你能在考试之前全看完吗？"

宁小奇说："能看多少是多少吧！"

妈妈放下牛奶说："你这样的复习方法是不对的。"

宁小奇也皱起了眉头。虽然他每天都拿着复习资料在看啊，背啊，其实真正记住的知识非常少。可是，离考试只有一周的时间了，宁小奇应该怎么办呢？

复习就像吃饭，如果你吃得又多又急，肚子很快就会饱胀，再也吃不下其他的东西了。如果选择有营养、易吸收的东西，那么就能吃得又多又好。

复习也是一样，时间紧迫，如果

每一个字、每一句话都要记住，大脑就会饱和，这无异于囫囵吞枣。不如有选择性地复习，这样才能在最短的时间内取得最显著的效果。

你知道怎么复习吗？

第一步：先把复习资料从头至尾看一遍，同时圈画出重点、难点。

第二步：再看一遍复习资料，进行梳理复习，这一遍要详细、认真。

第三步：简化复习提纲，罗列出复习的重点、难点，有针对性地复习。

第四步：考前停止复习，让大脑得到休息和放松，以最好的状态备战。

偏科不是没得治

相信很多人也和赵豆一样，其他的功课还不错，偏偏有一门科目成绩太弱，拖了后腿，影响到整体的成绩。偏科不仅影响学习成绩，还容易使人产生厌学情绪。

要知道，知识是一个整体。只有各科均衡地发展，才能使自己更好地学习。所以，想要在学海中游刃有余，我们一定要治好自己的偏科。

很多人都为偏科感到烦恼，可是，偏科应该怎么治呢？

治疗偏科的秘密"药方"

● 循序渐进

面对改变偏科的情况，我们不能轻易地放弃，更不能操之过急，给自己带来太大的压力。要循序渐进，一步一个脚印。

● 打牢基础

打好学习基础。基础没打好，学习起来会很吃力，成绩也会越来越差。打好基础有利于知识的掌握，成绩自然就提高了。

● 重点攻克

在讨厌的科目上多花时间，多向老师或成绩好的同学请教。保持积极乐观、永不放弃的心态。

考试时的小窍门

赵豆非常害怕考试，一到考试，他就手脚发抖，头脑一片空白，连步子也迈不动了。用他自己的话来说，就是"比上战场还恐怖"。

很多人都和赵豆一样，对考试有一种莫名的恐惧。飞速流逝的考试时间、让人摸不着头脑的难题、严肃寂静的气氛、监考老师如鹰眼般锐利的眼神……是不是想到就觉得很紧张呢？

其实，考试哪里有这么恐怖，不过都是我们的恐惧心理在作祟罢了。只要我们做好了充分的准备，掌握了考试的方法，很快就能克服这种心理啦！

掌握考试时的一些小窍门，能帮我们缓解紧张的情绪哟！

- 提前15分钟进入考场。在这15分钟内，可以调整心态，适应考场的氛围。
- 提前准备好考试用品，如铅笔、橡皮、直尺、圆规等，以免考试时要用，却找不到东西，慌了手脚。
- 试卷发下来，不要急着做题，先把试卷大致地看一遍。
- 合理分配考试时间。比如一道选择题1分钟，写作文需要花半个小时，问答题的时间应该留多一点儿……考试时间有限，千万不要在某一道题上花费大量的时间。
- 先易后难。碰到难题，一定要认真思考，如果实在不会，就先把后面会做的题做完，再回头着重应对难题。
- 考试时难免会紧张，简单的题目也可能会因此出错，所以，一定要给自己预留15到30分钟的时间检查。

选择题，该拿你怎么办？

当我们拿到试卷，一般情况下首先面对的便是选择题。可是，在做选择题时，你有没有出现过下面的情况呢？

"咦？好像每一个都是正确答案。"

"A和D该选哪一个呢？"

"奇怪，为什么我得出的答案在选项中没有呢？"

遇到这种情况，有的人会犹豫不决。到头来，选了一个错误答案不说，还浪费了考试的时间。

所以，宁小奇干脆发明了一个快速做选择题的办法，那就是不管三七二十一，全都选择同一个选项。这样一来，总能蒙对几个吧！

可是，选择题相对后面的问答题来说还比较容易，如果随便选择，与高分失之交臂，那就太得不偿失了。

那么，做选择题有没有什么窍门呢？

四种做选择题的方法

 淘汰法

分析、判断哪些选项是错误的，然后将它们一一淘汰，剩下的就是正确答案。

 代入法

如果不能直接根据题目得出答案，那就使用代入法，把每一个选项都代入到题目当中，找到正确的选项。

 直接法

直接根据题目得出答案，然后找到正确选项。

 对比法

有时候，在几个选项之间犹豫时，可以使用对比法，判断哪一个选项更接近正确答案。

考试结束后……

"丁零零……"考试结束的铃声响起。

宁小奇、杜卡和赵豆走出考场,围在一起叽叽喳喳讨论个不停。宁小奇问:"选择题第五题你们选什么?"

"选A啊!"杜卡和赵豆异口同声地说。

"啊?我选的是B!"宁小奇哭丧着脸说,"呜呜呜,这可怎么办呀?"

"那填空题呢?还有,最后一道问答题的答案是什么?"

宁小奇又连着问了几个问题,可是,宁小奇的答案都和别人的对不上。顿时，宁小奇的心不安起来：糟糕，错了这么多，一定会不及格。

考试后立刻对答案，这似乎是一件很平常的事情。如果发现自己考得不错，则可能会产生放松的情绪。如果发现自己做错了很多题，不仅会增加心理负担，甚至可能影响下一场考试水平的发挥。无论考得好不好，立刻对答案都会产生一些不好的影响。

你喜欢考试后立刻对答案吗？赶紧改掉这个坏习惯吧。

考试鸡汤

保持一颗"平常心"。同时，思考在考试时遇到了哪些问题，反省自己的不足，调整应对考试的方法，以最好的状态备战下一科目的考试。

考砸了怎么办？

这次考试，宁小奇的语文只考了70分。自从拿到试卷，他就一直愁眉苦脸。分数这么低，回家该怎么向爸爸妈妈交代呢？

其实，宁小奇平时的语文成绩并不差。这次考试失误了，回去之后一定会被爸爸妈妈责骂。

杜卡看出了宁小奇的担忧，说："宁小奇，我有一个办法……"

宁小奇赶紧问："你有什么办法，快说来听听！"

杜卡凑过来，悄声说："只要你把试卷藏起来，说你不小心把试卷弄丢了，同时告诉他们你考了90分……"

宁小奇惊讶地张大嘴："这……这不是骗人吗？"

杜卡得意扬扬地说："放心吧，这个方法我也用过，绝对没问题。他们找不到试卷，一定会相信的……"

宁小奇听完杜卡的话,沉默了。

如果你是宁小奇,你会怎么选择呢?

·把真相告诉爸爸妈妈

回家后,可能会被爸妈批评。但是,经过这次的失败,下次考试时,宁小奇一定会更加细心,避免再次出现像今天这样的失误!

·选择把试卷藏起来

回家后也许不会被责骂,还可能得到父母的表扬。可是,这不仅仅是欺骗父母,更是自欺欺人。等有一天谎言被拆穿了,后果会严重。

成绩好就是好学生吗？

换座位了！性格老实的赵豆和班上的尖子生吕乔换到了一起，不过，他俩相处得可不太愉快。

轮到赵豆和吕乔值日了。吕乔从来不动手："哎！我有事，你扫一下。"说完，扭头就走了，气得赵豆直跺脚。

自习课时，吕乔把书堆得满桌子都是，赵豆根本没地方写字。吕乔却说："反正你又不学习，要那么宽的地方干吗？"

除了这些事，赵豆发现，吕乔还有很多毛病。比如有同学问他问题，吕乔根本不说解题过程，直接告诉别人答案。心情不好时，吕乔还会说："哎呀，你怎么这么笨，这些都是老师讲过的，自己看书去。"一句话就把别人给打发了。

赵豆看不过去了，忍不住说："人家诚心问你，你既然知道方法，为什么不告诉人家呢？"

没想到，吕乔振振有词地说："我干吗要讲，谁让他自己不好好学习。"

赵豆顿时气结，可是也没有办法，哎……谁让人家是老师眼中的好学生呢？

可是，吕乔的这些行为，真的算得上是一个好学生的表现吗？

好学生应该具备的品质

- 对朋友谦逊有礼，切勿傲慢。
- 不仅成绩好，品行也要端正。
- 乐于助人。
- 多一点儿耐心，不要瞧不起别人。
- 怀有一颗感恩的心，常常感谢父母和老师。
- 有集体意识，团结互助。

死读书能成才吗？

赵豆一门心思想要考上好大学，为此，连最喜爱的画画也不学了，可谓是"两耳不闻窗外事，一心只读圣贤书"。

当同学们去参加各种活动和特长班时，赵豆却待在教室里写作业。

当放学后大家结伴去踢足球时，赵豆就待在房间里看书……

赵豆觉得，自己现在还小，学习才是最重要的。所以，一定要抓紧时间学习，把基础打好，长大后才能考上好大学，找到好工作……

可是，赵豆这样的想法，真的对吗？

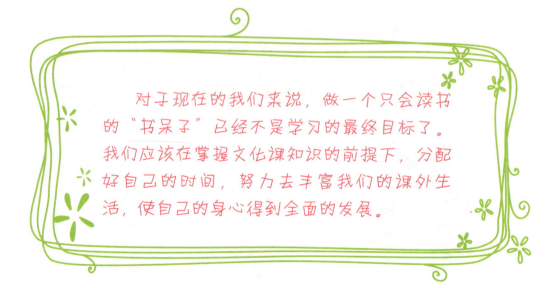

对于现在的我们来说，做一个只会读书的"书呆子"已经不是学习的最终目标了。我们应该在掌握文化课知识的前提下，分配好自己的时间，努力去丰富我们的课外生活，使自己的身心得到全面的发展。

杜卡:我喜欢参加体育活动。适当的体育锻炼并不会耽误学习,反而能增强体质,提高学习效率哟。

宁小奇:学校经常组织环保、手工等社团活动,参加这些活动,不但能锻炼我们的动手能力,还能丰富我们的社会实践经验,对了,还能认识很多新朋友呢!

乔西:我最喜欢参加演讲比赛、才艺表演等。这些活动可以让我发挥自身的特长,提高综合素质!

优秀男孩的 学习 妙招 Learning Tips

别人家的孩子

要问宁小奇最害怕的人是谁,不是老师,不是校长,也不是家长,而是"别人家的孩子"。

比如,吃饭时,宁小奇不爱吃芹菜,妈妈会说:"你看看别人家的孩子,一点儿都不挑食,健健康康,你再看看你……"

比如,宁小奇玩游戏时,妈妈会说:"整天就知道玩游戏,你就不能学学别人家的孩子,多学习多看书吗?"

又比如,宁小奇考试没考好,妈妈会说:"你看看别人家的孩子,考得多好!你怎么就不能争气一点儿呢……"

这天,宁小奇和妈妈去超市买东西,刚好碰到了乔西和他妈妈。打过招呼后,妈妈就开始数落宁小奇:"你看看人家乔西,不仅成绩好,而且其他方面也都很优秀。明明是一起上学,你怎么就差别人这么多呢?"哎……妈妈总喜欢拿自己和别人家的孩子比较,宁小奇苦恼极了。

你是不是也常常被爸妈这样数落呢?你是不是也和宁小奇一样,有苦说不出呢?

在对我们的教育问题上,爸爸妈妈可能有很多方面做得不对。这时候,我们不应该和他们顶嘴,但也不能保持沉默!我们应该学会心平气和地把自己的想法告诉他们。

如果实在不知道该如何开口,不如就写一封信给他们吧!

培养一门兴趣爱好

你喜欢画画吗？

你会书法吗？

你会拉小提琴吗？

你有一门独特的兴趣爱好吗？

什么？你一门兴趣爱好也没有？

什么？你认为除了学习，做其他事统统都是在浪费时间？

那你就错了，虽然学习很重要，但是培养一门兴趣爱好同样也很重要。因为一门健康的兴趣爱好，不仅能丰富我们的业余生活，还能陶冶我们的情操，使我们的身心得到全面的发展。

如果你有兴趣爱好，那就不要再把它荒废啦！

如果你还没有兴趣爱好，别着急，赶快选择一门自己喜欢的吧！

请在这里写上你的兴趣爱好

我的同桌是女生

语文课上，老师提出了一个问题，让同桌之间进行讨论。可是，当大家都在认真地进行讨论时，袁浩和他的新同桌黄灿灿却埋着头，各做各的事。

老师走过来，问："袁浩，你怎么不和同桌讨论？"

"啊，这……"袁浩挠挠头，不知道该怎么开口。该怎么告诉老师，自己作为男生，和女同学讨论问题时，会觉得难为情呢？

其实，很多男生都和袁浩一样，不知道怎么和女同桌交流。有些人干脆在课桌中间画一条"三八线"或放一摞书挡住。

哎，女同桌又不是老虎，犯得着这样做吗？

其实，女生在学习上有很多值得我们学习的地方，比如学习认真啦，有耐心啦，做事细心啦，书本摆放整齐啦……如果你的同桌也是一名女生，那就坦诚地和她交流，向她学习吧！

● **同桌是女生，怎么办？**

· 主动和同桌交流，成为好朋友。
· 在学习上互相帮助，互相学习。
· 讨论问题时，态度要大方自然。
· 学习女同桌的优点。

读书的好习惯

这天上课前,乔西兴致勃勃地对宁小奇说:"你看过《格列佛游记》吗?听说是一本超级有趣的书。"

"我看过!前天刚看过!"宁小奇打断乔西的话,兴奋地说:"这本书讲的是,一个叫格列佛的人到世界各地去冒险,他去过小人国、巨人国,还有……咦?接下来是什么来着?"

话说到一半,宁小奇突然停了下来。

"然后呢?怎么不说了?"乔西好奇地问。

宁小奇不好意思地挠挠头:"嘿嘿,我不太记得了。"

"你不是前天刚看完吗?怎么才隔了一天就忘了?"

其实,宁小奇看书有一个不好的习惯:看到自己喜欢的地方,就认真看一会儿;看到自己不感兴趣的地方,就直接翻过。所以,他看完一本书后没多久,书里的内容就记不清了,更别说把故事复述一遍了。

如果像宁小奇这样,即使看再多的书,又有什么意义呢?

一些读书时的好习惯

★ 如果只是走马观花地看书,那一定会错过很多精彩内容。所以,读一本好书时,一定要细细品味。

★ 真正的好书,让人回味无穷,值得我们读第二遍,第三遍……

★ 读书时深思多问。如果只是读而不想,就很难读懂书里的内容。

★ 身边要常带着铅笔和笔记本,读书时碰到好词好句好段就摘抄下来吧!

你有哪些读书好习惯呢?也来分享一下吧!

你喜欢看新闻和报纸吗？

"你们知道吗？昨天××发生地震了，还引发了海啸……"

"最近有一则特别有趣的新闻……"

"最近美国发现了一颗类似于地球的星球……"

……

周元总是有说不完的稀奇事。无论是天文地理，还是国内外最新发生的大小事，他好像都知道一点儿。

在同学们眼中，他就是一个百事通。

其实，周元并没有大家想象中的那么厉害。他只是平时经常关注一些新闻时事。比如，放学回家后和爸爸一起看新闻，早上吃早餐时会翻一翻报纸，有时候上网也会关注一些新闻网站，还会时不时地发表一下自己的评论。

时间长了，周元脑袋里就装了许多有趣的小知识，总能在聊天时用上。所以，朋友们都爱和他聊天。

如果你也像周元这样经常关注新闻时事，不久后，你也能成为一个"百事通"哟！

看新闻和报纸带来的好处

- 增加谈话内容，让聊天变得更有趣。
- 能增长见识，开阔视野。
- 学到许多课外知识。
- 经常发表自己的评论，能培养独立思考的能力。

学习和生活息息相关

今天的天气真好!宁小奇、乔西和黄灿灿约好一起去公园玩。

公园里的景致非常美,高大笔直的棕榈树,绿茵茵的草地,争相斗艳的花儿,还有中央喷泉喷洒出漂亮的水花,在阳光的照耀下,闪烁着晶莹剔透的光芒。

突然,黄灿灿指着喷泉,惊喜地大叫:"快看!喷泉里有彩虹!"

宁小奇定睛一看，果然，一道漂亮的彩虹在水雾中若隐若现。奇怪，彩虹一般不是在雨后才会出现吗？怎么大晴天也会出现彩虹呢？

一旁的乔西笑嘻嘻地说："喷泉洒出的水雾里有许多小水滴，阳光照射在小水滴上，产生了折射，就会出现彩虹哟！"

宁小奇和黄灿灿点点头，这不是老师前天才教过的知识吗？怎么他们就没有想到呢？

其实，学习与生活是密不可分的。我们学习的许多知识都能在生活中找到答案，同时，在生活中我们也能学到很多知识。

比如：烧水时冒出的白雾是水在蒸发；电梯上升时会有沉闷的感觉，这是超重现象，而电梯下降时会觉得放松，这是失重现象……

只要我们多探索，多思考，就会发现很多意想不到的乐趣哟！

你有没有在生活中发现一些有趣的小知识呢？快与大家分享一下吧！

学无止境

今天，宁小奇在书上看到一句话：活到老，学到老。宁小奇撇撇嘴，有些不以为然："难道知识学到老都学不完吗？"

爸爸听到宁小奇的话，便问："你觉得你数学学得怎么样？"

宁小奇笑嘻嘻地说："虽然我不敢说我的数学是全校第一，但是，我的数学绝对不差！"

爸爸从书架上拿出一本书，封面上写着"高等数学"。

"打开看看。"爸爸把书递给他。

宁小奇翻开一看，书里面有各种各样的符号和公式，宁小奇一个都看不懂，他为难地看着爸爸。

爸爸这才笑着说："你看得懂这本书吗？要知道，这只是数学领域中的一个小分支，数学领域十分广泛，你现在所学的数学，只是最基本

的知识。有很多数学家一生都在探索数学的奥秘……"

"现在，你还觉得知识学得完吗？"爸爸意味深长地说。

学习知识就像探索宇宙，我们所学到的知识，可能只相当于宇宙中的一粒尘埃。前方有更多的知识等着我们去学习，甚至还有未知的学习领域等着我们去发现，去探索。

知识是永远都学不完的，所以，永远都不要停止学习的步伐。

● 人的天才只是火花，要想使它成为熊熊火焰，那就只有学习！学习！

——［苏］高尔基

● 在寻求真理的长河中，唯有学习，不断地学习，勤奋地学习，有创造性地学习，才能越崇山跨峻岭。

——华罗庚

● 我们愈是学习，愈觉得自己的贫乏。

——［英］雪莱

● 学习永远不晚。

——［苏］高尔基

● 倘能生存，我当然仍要学习。

——鲁迅

图书在版编目（CIP）数据

优秀男孩的学习妙招/彭凡编著. —北京：化学工业出版社，2016.9（2024.9重印）
（男孩百科）
ISBN 978-7-122-27542-4

Ⅰ.①优… Ⅱ.①彭… Ⅲ.①男性-学习方法-青少年读物 Ⅳ.①G791-49

中国版本图书馆CIP数据核字（2016）第153035号

责任编辑：马鹏伟　　　　　　　　　　文字编辑：李　曦
责任校对：程晓彤　　　　　　　　　　装帧设计：尹琳琳

出版发行：化学工业出版社（北京市东城区青年湖南街13号　邮政编码100011）
印　　装：天津市银博印刷集团有限公司
710mm×1000mm　1/16　印张11　2024年9月北京第1版第23次印刷

购书咨询：010-64518888　　　　　　　售后服务：010-64518899
网　　址：http://www.cip.com.cn
凡购买本书，如有缺损质量问题，本社销售中心负责调换。

定　　价：25.00元　　　　　　　　　　　　　　　　　版权所有　违者必究

的知识。有很多数学家一生都在探索数学的奥秘……"

"现在,你还觉得知识学得完吗?"爸爸意味深长地说。

学习知识就像探索宇宙,我们所学到的知识,可能只相当于宇宙中的一粒尘埃。前方有更多的知识等着我们去学习,甚至还有未知的学习领域等着我们去发现,去探索。

知识是永远都学不完的,所以,永远都不要停止学习的步伐。

● 人的天才只是火花,要想使它成为熊熊火焰,那就只有学习!学习!

——[苏]高尔基

● 在寻求真理的长河中,唯有学习,不断地学习,勤奋地学习,有创造性地学习,才能越崇山跨峻岭。

——华罗庚

● 我们愈是学习,愈觉得自己的贫乏。

——[英]雪莱

● 学习永远不晚。

——[苏]高尔基

● 倘能生存,我当然仍要学习。

——鲁迅

图书在版编目（CIP）数据

优秀男孩的学习妙招/彭凡编著. —北京：化学工业出版社，2016.9（2024.9重印）
（男孩百科）
ISBN 978-7-122-27542-4

Ⅰ.①优… Ⅱ.①彭… Ⅲ.①男性-学习方法-青少年读物 Ⅳ.①G791-49

中国版本图书馆CIP数据核字（2016）第153035号

责任编辑：马鹏伟　　　　　　　　文字编辑：李　曦
责任校对：程晓彤　　　　　　　　装帧设计：尹琳琳

出版发行：化学工业出版社（北京市东城区青年湖南街13号　邮政编码100011）
印　　装：天津市银博印刷集团有限公司
710mm×1000mm　1/16　印张11　2024年9月北京第1版第23次印刷

购书咨询：010-64518888　　　　　　　售后服务：010-64518899
网　　址：http://www.cip.com.cn
凡购买本书，如有缺损质量问题，本社销售中心负责调换。

定　价：25.00元　　　　　　　　　　　　　　版权所有　违者必究